독서로 자존감
스위치를 켜다

독서로 자존감 스위치를 켜다

초 판 1쇄 2021년 03월 18일

지은이 홍선아
펴낸이 류종렬

펴낸곳 미다스북스
총괄실장 명상완
책임편집 이다경
책임진행 박새연 김가영 신은서 임종익

등록 2001년 3월 21일 제2001-000040호
주소 서울시 마포구 양화로 133 서교타워 711호
전화 02) 322-7802~3
팩스 02) 6007-1845
블로그 http://blog.naver.com/midasbooks
전자주소 midasbooks@hanmail.net
페이스북 https://www.facebook.com/midasbooks425

© 홍선아, 미다스북스 2021, *Printed in Korea*.

ISBN 978-89-6637-893-7 03190

값 15,000원

※ 파본은 본사나 구입하신 서점에서 교환해드립니다.
※ 이 책에 실린 모든 콘텐츠는 미다스북스가 저작권자와의 계약에 따라 발행한 것이므로 인용하시거나 참고하실
  경우 반드시 본사의 허락을 받으셔야 합니다.

미다스북스는 다음 세대에게 필요한 지혜와 교양을 생각합니다.

독서로 자존감
스위치를 켜다

홍선아 지음

미다스북스

지금 옆에 놓여진 책을 펼쳐 보세요

저의 30대는 아주 어두운 방황의 터널을 지나고 있었습니다. 결혼과 맞물려 육아를 하면서 경제적으로 최대의 위기를 맞이했습니다. 그동안 겪어보지 못한, 예상하지 못한 일들을 겪으며 자존감은 땅에 떨어지고 우울감에 휘감겨 지냈습니다. 설상가상으로 어린아이들을 놔두고 워킹맘의 삶을 살아야 했습니다. 눈물로 지샌 날이 많았습니다. 삶의 무게가 저를 짓눌렀습니다. 잘못된 생각이 수시로 찾아왔습니다. 제가 없어지는 기분이었습니다. 결혼 전과 삶의 결이 너무도 달랐습니다.

힘든 워킹맘으로서의 삶의 여정 속에서도 현실을 조금 더 개선시켜보고자 고시 공부에도 도전했습니다. 하지만 행운의 여신은 저를 찾아오지 않았습니다. 몇 년 동안 계속 고배를 마셨습니다. 극심한 스트레스로 몸의 상태가 나빠져 수술까지 받아야 했습니다. 무기력하게 보냈습니다.

공허함이 제 내면을 꽉 채웠습니다. 삶의 의미를 찾지 못했습니다. 아이들과 남편한테 모난 감정을 그대로 투사했습니다. 하루에도 몇 번씩 오르락내리락하는 감정을 주체할 수 없었습니다. 잘못된 방법인 줄 알면서 그대로 여과 없이 못난 모습을 내비쳤습니다. 가족들과의 관계가 악화되었습니다. 방황했습니다. 내가 원한 삶은 이것이 아닌데 일, 가정 뭐 하나 제대로 해내지 못한다는 죄책감에 힘들었습니다. 그런데 기적처럼 새벽 시간에 책을 만났습니다. 책과는 거리가 아주 먼 삶이었습니다. 담을 쌓고 살았던 사람입니다. 새벽 독서로 저의 온전한 시간을 맞이했습니다. 진정한 저를 만났습니다. 새벽에 하는 몰입독서를 통해 가난했던 마음이 충만함으로 채워지기 시작했습니다. 책을 만나 인생의 터닝 포인트를 맞이한 사람들을 보면서 저도 변화되고 싶었습니다.

책 속에는 저보다 더 힘든 역경과 고난을 겪은 사람들이 많았습니다. 저의 삶은 아무것도 아니었습니다. 나약한 제 자신을 발견했습니다. 특히 시련과 역경을 도약의 발판으로 삼아 재기에 성공한 여성들의 삶을 보면서 동기 부여가 되었습니다. 제가 처한 상황이 힘들다고 불평하고 부정적으로만 생각했습니다. 하지만 책 속의 현인들은 삶을 바라보는 시각이 저와는 정반대였습니다.

책을 가까이하니 삶을 바라보는 관점과 시각이 조금씩 변화되기 시작했습니다. 결핍과 부족함이 감사로 바뀌기 시작했습니다. 나를 움직이게 하고 꿈꾸게 하는 원동력이었음을 깨달았습니다. 땅에 떨어졌던 자존감과 삶의 의지가 거짓말처럼 샘솟기 시작했습니다. 그냥 무기력하게 다람쥐 쳇바퀴 돌듯 지낸 하루하루에 의미가 부여되기 시작했습니다. 삶의 에너지를 회복했습니다. 의지가 불타올랐습니다. 책을 더 가까이했습니다. 주말마다 도서관에 가서 책을 펼쳤습니다. 그리고 책을 읽으면서 블로그 공간에 저의 마음을 글로 남기기 시작했습니다. 카타르시스를 느꼈습니다. 실타래처럼 엉켜 있던 제 마음의 불안과 걱정들이 하나씩 풀리기 시작했습니다.

제 삶에 하나도 만족하지 못하고 비교의식과 패배의식 속에 살았습니다. 어릴 적 상처는 제 곁을 떠나지 않고 트라우마로 남아 늘 힘들게 했습니다. 자신감 부족과 열등의식으로 점철된 삶이었습니다. 그런데 이런 부정적 감정들이 긍정적 감정으로 전환되기 시작했습니다. 과거의 상처와 아픔들에서 조금씩 자유로워지기 시작했습니다. 물에 젖은 무거운 솜처럼 느꼈던 마음의 조각들이 가벼운 깃털이 되어 하나씩 하나씩 떨어져 나가는 걸 느꼈습니다. 삶이 긍정 에너지로 차올랐습니다. 내 삶에 있어

걸림돌이라고 생각했던 많은 것들이 디딤돌이었음을 깨달았습니다.

"사람은 책을 만들고, 책은 사람을 만든다."

교보문고 설립자 신용호의 말이 틀리지 않았음을 깨닫게 되었습니다. 조금은 후회가 됩니다. 조금 더 책을 일찍 만났더라면 삭막하고 건조했던 삶이 더 풍요롭고 촉촉한 삶이 되지 않았을까 하는 아쉬움이 남습니다. 하지만 지금이라도 책을 만난 것에 무한한 감사를 느낍니다.

그동안 저는 저의 가치를 평가절하하고 깎아내리기 바쁜 사람이었습니다. 하지만 이제는 변화되고 달라졌습니다. 저의 소중한 가치를 깨닫고 있습니다. 저를 안아주고 토닥여주고 있습니다. 마음의 온기가 따뜻함으로 채워지고 있습니다. 소소한 일상에 감사함을 느끼고 있습니다.

저에게 스스로 응원의 메시지를 주고 있습니다.

"충분히 잘하고 있어.", "힘든 삶의 여정 속에서도 잘 버텨왔어.", "살아내느라 애썼어."라고 셀프 칭찬하고 있습니다.

혹시 지금 삶의 무게로 많이 힘드신가요?

자존감이 바닥을 치고 삶의 의미를 잃어가고 계신가요?

삶의 시계가 정지된 채 한 발짝도 나아가기 힘드신가요?

지금 옆에 놓여진 책을 펼쳐보세요. 그리고 몰입해서 읽어보세요. 혹시 저처럼 워킹맘이시거나, 육아맘이어서 시간이 허락되지 않으시나요? 황금 같은 새벽 시간을 활용해 책을 만나보세요! 거짓말처럼 자존감이 회복되고 삶의 의미와 가치가 새롭게 느껴지실 거예요. 새벽에 진정한 삶의 멘토와 소중한 친구를 만나실 수 있답니다. 그 친구에게 공감과 위로, 격려를 받아보세요. 어떤 삶의 위기가 찾아와도 긍정적으로 잘 헤쳐나가실 수 있으실 거예요. 당신은 당신 존재 자체로 소중하고 가치가 있다는 것을 잊지 않으셨으면 합니다.

당신의 하루하루를 응원하겠습니다.

자존감을 회복하고 삶의 소중함을 깨닫는 고요한 새벽에

홍선아 드림

목차

2장 새벽 몰입독서로 삶의 희망을 찾다

3장 독서는 자존감 회복 스위치였다

4장 평생 지속 가능한 독서 습관 만들기

5장 자존감 UP에는 독서가 가장 큰 무기이다

1장

이렇게 사는 것이
맞는 것일까?

01

나는 하루살이
유치원 교사이다

"선생님, 우리 꼭 하루살이 같지 않나요?"

"하루하루 겨우 버티며 살아가는 하루살이 같아요."

일과를 마치고 퇴근길에 녹초가 된 나를 보고 동료 교사가 말했다. 이 말을 듣는 순간 망치로 한 대 얻어맞은 느낌이었다. 너무 적절한 표현이었기 때문이다. 정말 나는 하루살이 인생이었다. 하루를 겨우 연명하듯 버티며 살아내는 하루살이 말이다. 내가 대학교 학과에서 배웠던 이론과 현장에서 마주한 현실은 괴리가 너무 컸다. 나는 상상했다. 예쁜 원피스를 입고 단아한 모습으로 사랑스런 유아들과 카펫에 모여 앉아 이야기를 나누고 동화책을 읽어주는 것을 말이다. 역할놀이, 쌓기놀이 영역에서 블록과 역할 소품을 가지고 유아들과 소꿉놀이를 하는 그런 모습이었다.

하지만 유치원은 그야말로 소리 없는 전쟁터였다. 호기심 많고 미성숙한 어린아이들과 생활하는 것은 마치 블랙홀에 빨려 들어가는 것 같았다. 그리고 출구가 없는 미로였다. 똑같은 반복적인 패턴에 정신이 혼미해지는 삶이었다. 유치원 처음 2~3년은 매일 울면서 다녔다고 해도 과언이 아니다. 처음 성당 유치원에서 근무를 시작해 지금 유치원까지 16년의 경력을 가지고 유아들과 같이 현장에 있지만 하루살이 같다는 생각은 변함없이 내재되어 있다. 만 3~5세(한국 나이로 5~7세) 유아들은 신체조절 능력이 미숙하다. 그리고 시야가 좁기 때문에 유아 스스로 혼자 걸어가다가도 넘어지고 균형 조절을 잘 못해 다치는 경우가 다반사다. 그런데 그렇게 신체 조절이 미흡하여 아이 스스로 다치는 경우에도 유치원에서 일어났다는 사실만으로 교사는 죄인이 된다. 귀가할 때 아이들이 작은 상처라도 나면 우리는 먼저 하는 말이 무조건 "죄송합니다."이다. "잘 관찰하고 본다고 보는데도 순식간에 일어난 일입니다." 하고 몇 번

고개를 숙이며 사죄 아닌 사죄를 드린다. 현장에 있다 보면 왜 이렇게 죄송한 일이 많이 생기는지 회의감이 물밀 듯이 밀려온다. 아이가 스스로 다쳐도, 아이들끼리 놀면서 싸워도, 아이들이 물건을 잃어버려도, 조금만 아이의 옷매무새가 흐트러져 있어도 교사가 유아에게 관심이 없다며 교사에게 화살이 꽂힌다. 늘 그렇게 평가의 대상이 된다.

경력 7년차 때의 일이다. 특성화 활동으로 강당에서 체육 선생님과 아이들이 체육 활동을 할 때였다. 나는 옆에서 도움이 필요한 아이들에게 도움을 주는 역할이었다. 달리기를 하여 훌라후프 장애물을 통과하여 반환점을 돌아오는 신체 활동을 했다. 그런데 내가 생각하고 싶지 않은 일이 발생하고 말았다. 아이가 크게 다친 것이다. 그것도 아이가 너무 빨리 달리다 속도 조절이 안 되어 강당 무대 앞 모서리 쪽으로 넘어졌다. 그 아이 이마가 찢어졌다. 피가 나고 응급처치로도 안 되어 피부과에 가서 2~3바늘 꿰매야 했다.

나는 아이 부모님 앞에서 죄인이 되었다. "죄송해요, 어머니."를 수없이 말하며 안절부절 어쩔 줄 몰라 했다. 아이의 이마 상처가 다 나을 때까지 그 상처를 마주할 때마다 마음이 편치 않았다. 다행히 그 아이의 이마의 상처 흉터는 크게 남지 않았지만 나는 그 사건 이후로 아이들의 안전에 대한 트라우마가 생겼다.

그 이후로 혹여나 아이들이 다칠까 봐, 안전사고에 노출될까 봐 긴장 모드로 잠자리 눈을 장착해야 했다. 내가 보지 않는 사각지대에서 무슨 일이 일어날지 모르기 때문이다. 나 홀로 20명 이상의 탁구공(어디로 튈지 모르는) 같은 아이들을 케어하고 다치지 않게 하려면 말이다. 360도로 시야를 넓혀 CCTV처럼 구석구석 감시하고 살펴야 했다. 싸우는 유아는 없는지, 우는 유아는 없는지, 도움이 필요한 유아는 없는지, 다친 유아는 없는지, 위험한 행동을 하는 유아는 없는지 말이다. 유치원 현장은 수시로 돌발적인 상황을 수습하고 대처해야 하는 순간들로 가득하다. 그래서 상황 판단력이 빠르게 회전되어 일처리를 해야 한다. 그야말로 넓은 안목과 융통성, 대처 능력이 많이 요구된다. 이렇게 긴장 모드로 하루 종일 아이들과 지내다 보면 어느 날은 진이 다 빠진다.

그리고 유치원 교사는 유아들의 신체적 정신적 보호자이다. 동시에 전문 지식과 기술을 가진 교수자이기도 하다. 때론 부모님들과 아이들에 대해 발달 상황이나 유치원 생활에 대해 상담을 해야 하는 상담자이기도 하다. 그리고 아이들을 계획안 주제에 맞게 학습하기 위해 학습 자료도 연구하고 제작해야 한다. 또 어떤 교구가 유아들의 발달 상황에 적합한지 선정 및 연구도 해야 한다. 이렇듯 다양한 역할을 동시다발적으로 수행해야 하는 만능인이 되어야 한다. 유아들이 귀가하고 나서, 유치원 교실에 정리되어 있지 않은 교구들과 물건들을 또 정리할 때면 '내가 여기서 뭐 하고 있는 거지?', '내가 상상한 유치원 교사의 모습은 이게 아닌데?' 하며 절망에 빠지는 날이 많았다. 나는 분명 아이들이 좋아서 이 직업을 선택했는데, 아이들이 사랑스럽고 예뻐 보이지가 않았다. 다양한 기질의 아이들과 요구사항이 많은 수많은 부모님을 대하면서 이 직업에 대한 회의감이 쓰나미처럼 밀려왔다. 직업에 대한 성취감은 고사하고 나의 자존감은 바닥으로 추락하고만 있었다. 수시로 번아웃이 찾아왔다.

이런 회의감과 절망감, 자존감이 바닥을 칠 때 유아 전공 서적을 다시 펼쳤고 유아에 대한 서적을 읽었다. 윤정애 저자의 『나쁜 아이는 없다』에 이런 내용이 나온다.

화가 날 때 내가 어떤 마음인지, 무엇이 나를 흥분하게 만드는지를 느껴보라고 한다. 감정을 한 발짝 뒤로 물러서서 바라보면 머리끝까지 치밀어 올랐던 화가 가라앉는 것을 느낄 수 있다고 한다. 화가 나면 감정이 격해지고 아이에게 쏘아붙이는 말이 곱게 나오지 않는다. 서로에게 돌이킬 수 없는 상처를 줄 수도 있다. 이렇게 되기까지 절대로 쉽지는 않다. 아이가 쓸데없는 고집을 부리고 문제 행동을 보일 때는 일단 3초만 심호흡을 해보자고 조언한다.

이 부분을 정독한 후 유치원 현장에서 수시로 적용해보았다. 유치원에서 심호흡을 하고 낮은 톤의 목소리로 대화해보았다. 아이는 그대로지만 나의 스트레스 수치가 떨어지는 것을 느낄 수 있었다. 실제로 효과가 나타났다. 유아들이 놀이하다 교구를 서로 양보하지 않고 더 갖겠다고 다툴 때, 정리하지 않고 다른 영역의 놀이를 할 때, 질서를 지키지 않으려 할 때, 이야기를 나눌 때 친구를 방해하는 유아들을 보며 적용해보았다. 분명 감정적으로 대할 때보다 유아들의 문제행동이 개선되는 효과를 볼 수 있었다.

나는 그동안 유아들이 보이는 문제행동에만 초점을 맞췄다. 그런데 그 문제행동을 보이는 데는 다 이유가 있었다. 부모의 양육 태도와 환경적인 영향이 컸다. 아이들만의 문제라고 생각했다. 이해하려 하지 않았다.

하지만 교사인 내게도 문제점이 있음을 발견하게 되었다. 아이들의 발달 특성과 연령별 행동을 제대로 숙지하지 못하고 유아들을 대한 것이다. 유아들의 시각이 아닌 성인의 시각에서 바라보았음을 깨달았다. 성인의 관점에서 아이들을 통제하려고만 했다. 육아 서적을 가까이하니 유아들을 바라보는 관점이 조금씩 바뀌었다. 깊이 있게 수용하고 이해하고 공감할 수 있는 너그러운 마음을 갖게 되었다. 순간순간의 위기 속에서 슬기롭고 지혜롭게 극복하고 지금의 경력까지 올 수 있었던 원동력이기도 하다.

02

저체중아를 낳아
극심한 우울증을 겪다

"산모님, 태아가 막달이 되었는데도 안 크네요. 걱정이네요. 배 속에서
안 자라니 빨리 제왕절개로 꺼내서 키워야겠어요."

산부인과 의사가 말했다. 청천벽력 같았다. 보통 태아는 막달이 되면
몸무게가 확연히 늘면서 자란다. 첫째도 그랬다. 첫째는 3.1kg로 건강하
게 낳았는데 둘째는 그러지 못했다. 의사가 몇 달 전 권유했다. 아기가
배 속에서 잘 자라지 못하니 병원에 몇 달간 입원하자고 했다. 하지만 두

살인 첫째를 돌봐줄 분이 없었다. 그냥 집에서 잘 먹고 쉬겠다고 했다. 막달에 단백질 위주로 식단을 짜서 열심히 먹었다. 하지만 아기의 몸무게는 변화가 없었고 늘지 않았다. 수많은 생각이 스쳤다. 태아에게 무슨 문제가 있지는 않을까?

크게 걱정되어 어쩔 수 없이 수술을 결정했다. 이때 초음파로 태아의 몸무게를 측정했을 때는 2.3kg이었다. 2kg을 넘어가니 그래도 안심하며 수술을 결정한 것이었는데…. 수술 후 아기를 꺼내보니 1.8kg밖에 되지 않았다. 주저앉았다. 아기를 확인하기 직전까지는 이렇게 작을 줄 몰랐다. 만지면 금방이라도 부서질 것 같았다. 아기가 너무 작아 미안한 마음에 아기를 제대로 쳐다볼 수 없었다. 미안함에 눈물만 흘렸다. 그 순간 나는 아기를 건강하게 낳지 못한 아주 못난 엄마가 되어버렸다. 간절히 기도했다. 인큐베이터에서 건강하게 자라 만나자고.

젖병에 모유를 짜서 신생아실에 가져다주었다. 하지만 아기는 젖병을 빨지 못했다. 입이 너무 작아 젖병꼭지가 입에 들어가질 못했다. 그 상황을 지켜보고 있자니 더 가슴이 미어졌다. 그래도 나는 한 방울이라도 더 먹여보려고 열심히 가져다주었다. 한 달 후 정말 감사하게 인큐베이터에 잘 있다가 퇴원을 했다. "어머니, 아기가 너무 약해서 언제 중환자실에 올지 모르니, 항상 긴장하며 키우세요." 그렇게 아기와 나는 우여곡절 끝에 무거운 마음을 안고 한 달 만에 집으로 돌아왔다. 나는 몸이 회복되지 않은 상태에서 초긴장 상태로 아이를 돌봐야 했다.

산후도우미를 불렀다. 산후도우미 도움을 받아 몸조리를 했다. 산후도우미도 아기를 가엾게 여겼다. 산후도우미 하며 많은 아기를 봤지만 이렇게 작은 아기는 처음 본다며 조심스레 아기를 돌봐주셨다. 작은 딸아이는 밤낮을 가리지 않고 울어댔다. 왜 우는지 이유를 알 수 없었다. 너무 울어 거의 안고 업고 키웠다고 해도 과언이 아니다. 나는 이때부터 정신적, 육체적으로 점점 피폐해져갔다. 에너지가 고갈되고 몸은 갈수록 말라갔다.

예상한 대로 딸아이는 정말 예민했다. 입이 여전히 작아 모유를 짜서 먹여도 잘 먹지를 못했다. 분유를 100ml 타면 20~30ml밖에 먹지 못했다. 그리고 잘 먹지 못하고 예민한 탓에 아기는 잠도 푹 자지 않았다. 30분 자면 정말 많이 잔 거였다. 보통 신생아는 1~2시간 이상 푹 자는데 우리 아기는 그러지 못했다. 신생아는 무조건 잘 먹고 잘 자야 크는데 잘 자라지 못할까 봐 큰 걱정이 되었다. 아이가 잠을 자야 나도 좀 잠을 청하는데 20~30분 간격으로 깨니 피곤함이 극에 달하고 정신도 점점 피폐해져갔다.

내가 건강하게 낳아주지 못한 죄책감과 미안함이 변질되어 아이가 나를 짓누르는 커다란 바윗덩어리, 어깨에 매달린 큰 짐 덩어리처럼 느껴졌다. 아이가 우리 아이처럼 보이질 않았다. 나의 발목을 잡고 있는 족쇄처럼 느껴졌다. 아이와 있는 집이 철창으로 막힌 감옥처럼 느껴졌다. 또마침 둘째 딸아이 임신 10개월 때 이사를 와서 아는 사람도 없었고 도움받을 이웃 하나 없었다. 이 답답한 마음을 어디에 하소연하고 싶었는데그러지 못하니 더욱 힘들었다.

이제 아기를 향한 마음이 미안함과 죄책감에서 원망으로 바뀌더니 아이에게 짜증을 내기 시작했다. 이런 짜증은 첫째 아이에게도 영향을 미쳤다. 세 살인 첫째 아이는 기저귀를 다 떼고 스스로 작은 변기에 배변처리를 했던 아이인데 갑자기 퇴행 행동을 보이기 시작했다. 이 상황을맞닥뜨렸을 땐 홀연히 사라지고 싶고 도망치고 싶었다. 나도 모르게 미친 사람처럼 소리를 질렀다. 남편이 물론 도와주려고 많이 애썼다. 하지만 당시 남편의 일은 불규칙해서 저녁 11시에야 들어오고 아침 일찍 나가야 하니 도움이 전혀 되지 않았다.

이런 악순환이 연속되니 숨이 막히고 답답했다. 이 상황에서 벗어나고만 싶었다. 한마디로 죽을 것 같았다. 친한 언니한테 울면서 전화를 했다. "언니~, 나 지금 애고 뭐고 도망치고 싶어! 홀연히 사라지고 싶어! 죽고 싶어!"라고 얘기했다. 그러자 언니는 내가 갈 테니 좀 진정하라며 나를 안심시켰다. 언니와 통화 후 좀 마음을 가라앉히고 펑펑 울었다.

진정된 마음으로 정말 큰 용기를 내서 동네 신경정신과를 찾아갔다. 상담을 받고 신경정신과 약을 먹으며 버텼다. 이젠 혼자가 아닌 두 아이의 엄마였기에, 두렵고 낯선 책임감이었지만 내 배 속에서 태어난 아이였기에 온전히 감당하기로 했다. 그리고 이 답답하고 죽을 것 같은 마음을 다른 곳으로 돌릴 도구나 장치가 필요했다. 닥치는 대로 집 안에 있는 책을 보았다. 기도하며 성경책을 펼쳤다. 찬송가도 열심히 불렀다.

그동안 켜켜이 먼지가 쌓여 있던 책들이 눈에 들어왔다. 특히 에세이 책들이 눈에 띄었다. 그리고 결혼 전부터 쭉 구독해왔던 〈좋은 생각〉 간행물도 꾸준히 다시 읽어보았다. 책을 가까이하자 마법처럼 마음에 평화가 찾아왔다. 아이가 조금씩 달리 보이기 시작했다. 내 어깨를 짓누르는 돌덩이처럼 무겁게 느껴졌던 아이가 달리 보이기 시작했다.

인생 멘토 김미경 강사의 『엄마의 자존감 공부』에서는 이렇게 전한다.

"모든 아기들은 죽음을 통과해서 탄생으로 나온다. 그것만으로도 인생에서 위대하고 훌륭한 일을 해낸 거다. '이렇게 어려운 죽음을 통과했어, 나도 고생했어.' 신생아라서 말은 못 해도 아이는 이 감정을 마음속 깊숙이 갖고 있다."

난 이제껏 아이들이 백지 상태로 태어난다고 생각했다. 아이는 꽤나 당찬 성취감을 느끼는데도 아이를 탄생부터 제대로 인정해주지 않았던 것이다. 이 문구를 접하니 아이에게 미안한 감정이 들었다. 우리 아기도 지금 이 상황이 얼마나 힘들까 하는 생각이 들었다. 엄마의 영양분이 탯줄로 저절로 이어지고 따뜻하고 안락했던 자궁 양수 속에서 지내다 낯선 세상으로 나와 살아내려고 이겨내려고 얼마나 애를 쓰고 있는 걸까? 측은지심과 안쓰러움이 밀려왔다. 이 낯선 환경에서 우리 아이가 잘 자라

주도록 보호막, 따뜻한 울타리는커녕 내 몸이 힘들다고 큰 짐처럼 느꼈으니 엄마 자질이 있기는 한 건가 싶었다.

『그럼에도 웃는 엄마』의 이윤정 저자는 삼 형제 중 첫째 아이가 느닷없이 세계적으로 희귀하다는 '소아척추종양'이라는 병을 진단받았다. 하늘이 무너질 것 같던 날에도 저자는 아이 앞에서만큼은 웃는 얼굴이었다. 걱정과 불안의 시선을 거둬들이고 웃는 연습을 하며 아이를 대하기 시작했다. 저자는 엄마의 웃는 얼굴이 아이를 웃게 한다는 사실을 온몸으로 깨달았다. 오직 현재의 기쁨과 행복에 몰입하려 노력하는 모습이 짠하게 느껴지면서 감동으로 다가왔다.

그 결과 수술과 회복의 긴 터널도 무사히 지날 수 있었다. 결코 웃을 수 없는 상황임에도 의연하게 대처하는 저자의 모습을 보면서 나를 반성하게 되었다. 아이를 대하는 원망과 불평이 조금씩 사라졌다. 나보다 더 어려운 상황 속에서 아이들을 현명하게 양육하는 분들을 보면서 내가 처한 상황은 아무것도 아니라는 사실을 깨달았다.

누군가와 사랑에 빠지고 한 생명을 잉태한다는 일은 모두 기적과도 같은 선물이다. 그러나 그 달콤하고 아름답기만 할 것 같은 길은 굉장히 짠내 나고 씁쓸한 과정이었다. 하지만 그 과정에서도 나는 분명 여자에서 엄마로 성장하고 있었다. 결혼으로 오는 성장통, 엄마가 되면서 오는 성장통, 워킹맘으로 살아가는 성장통, 이 성장통은 책이 같이 동행해주었기에 이겨낼 수 있었다.

03

일을 그만둘 수 없는
생계형 워킹맘

"나 사업 아무래도 접어야 할 것 같아." 일을 마치고 들어온 남편의 말

이었다. 순간 귀를 의심했다. 사업을 시작한 지 1년쯤 되었을 것이다. "뭐

라고?" "내가 그렇게 결사반대하며 뜯어 말렸을 땐 자신 있다며?" 순간

어이가 없어서 대화를 더 잇지 못했다.

가게 상황이 안 좋아져 몇 달째 손해만 보고 있었던 찰나였다. 아무래

도 사업을 접는 편이 나을 것 같다며 내게 통보 아닌 통보를 했다.

그렇게 사업하지 말라고 부부싸움까지 하며 극구 말렸는데…. 빚만 남긴 채 접어야 했다. 너무 허망하고 어이가 없었다. 은행에서 대출한 돈과 제2금융, 캐피탈에서 대출한 돈이 아직 많이 남아 있는 상태였다. 카드 대금도 밀려 있어 독촉전화는 밤낮없이 울려대고 생활비는 부족하고 어쩔 수 없이 수많은 고민 끝에 개인회생을 신청했다.

개인회생제도는, 재정적인 어려움으로 인하여 파탄에 직면하고 있는 개인채무자에게 도움을 주기 위해 마련된 절차이다. 개인회생 신청 과정은 실로 엄청 까다로웠다. 어쩔 수 없이 법무사의 도움을 요청했다. 법무사가 대행하는 과정에서 수임료도 들었지만 우리에겐 이 방법밖에 없었다. 법무사가 안내한 방법대로 서류를 준비하고 법원에 개인회생 절차를 밟았다.

드디어 개인회생 신청 채무자 면담이 있는 날이다. 무거운 마음으로 법원을 찾아갔다. 법원이라는 큰 건물에 압도당하는 듯했다. '살다 보니 내가 법원이란 곳을 다 와보는구나.' 하며 헛웃음이 나왔다. 하늘을 쳐다보았다. 내 답답한 마음과는 달리 하늘은 너무도 청명하고 깨끗했다. '범죄, 이혼이 아닌 회생 목적으로 온 것에 감사함을 느껴야 하나?' 하며 쓴

웃음이 지어졌다. 부끄러웠다. 어디론가 숨고만 싶었다. 이 상황과 마주하고 있는 내 현실이 어이가 없고 앞이 캄캄했다. 놀랐다. 법원 법정실에 들어서는 순간 주위를 보니 채무자 면담을 하려는 사람으로 인산인해를 이루고 있었다. 그곳엔 갓난아기를 업고 온 아기엄마, 나이 지긋하신 할머니, 몸이 불편하신 장애인도 계셨다. 사연 많은 사람들의 집합소였다. 법원 주사보가 호명한 대로 면담을 했다. 면담 과정은 대략 이런 과정이었다. 개인회생을 신청하게 된 상황과 원인, 변제해야 할 금액, 채무자가 된 배경과 변제 능력은 있는지, 변제 과정은 어떻게 이루어지는지 등을 면담했다. 그 많은 사람들이 법정실이라는 같은 공간에 있는 상황이라 다른 사람들의 사연을 다 들어야 했다.

타인의 면담 과정을 듣고 싶지 않아도 들을 수밖에 없는 면담 시스템에 의해 나는 놀랐다. 그 공간은 정말 입을 다물지 못할 정도의 고통과 아픔을 겪은 사람들의 이야기로 가득 메워졌다. 눈물 없이는 들을 수 없는 이야기였다. 내 상황은 정말 평범하다 못해 아무것도 아닌 상황이었다. 남편이 큰 빚을 지고 말도 없이 가출해서 연락두절되어 고통에 신음하고 있는 사람, 사업으로 5억 이상 큰 빚을 져서 앞으로 살아갈 상황이 암담한 사람, 주식으로 탕진하여 큰 빚을 진 사람 등등 듣고만 있어도 가습이 미어지는 사연들이었다. 여기서 이 사람들이 처한 상황과 내 상황을 비교하니 감사한 마음이 들 정도였다. 모두 하나같이 기구한 삶이었다.

이렇게 개인회생에 관한 면담을 마치고, 다음 달 두 번째 법원 출석하는 날이다. 드디어 개인회생 결정을 통보받는 날이다. 두근두근 가슴 졸이며 법원의 결정 통보를 기다렸다. 개인회생 사건번호가 주어지고 변제 시작일과 종료일, 매월 변제할 변제금액, 불수행할 시 불이익, 개인회생 절차 진행에 대해 자세하게 통보를 받았다. 감사했다. 마음이 놓였다. 통보가 되니 카드 회사들의 독촉 추심전화를 받지 않아도 되었다. 살 것 같았다. 개인회생제도의 도움을 받아 분할해서 갚을 수 있게 되었다.

그제야 한숨 돌릴 수 있었다. 법원의 개인회생 통보를 받았으니 나는 5년 동안 구직 활동을 해서 매월 변제금액의 일정액을 변제해야 되는 상황에 이르렀다. 이렇게 개인회생비를 변제하기 위해 전업맘에서 워킹맘이 되었다.

아이들이 많이 어렸다. 그리고 저체중아로 낳은 둘째 딸아이는 몸이 많이 약했다. 온전히 아이들을 케어해도 부족한 상황인데 어쩔 수 없는 상황으로 워킹맘의 대열에 합류해야 했다. 이때부터 나의 고단하고 힘들고 처절한 워킹맘의 삶이 시작되었다. 워킹맘의 삶은 이전에 내가 살아온 삶과는 결이 너무도 달랐다. 일, 육아, 살림 등 내가 짊어져야 할 삶의 무게가 막중하게 느껴졌다.

6년 가까이 전업맘으로 지내다 다시 뛰어든 산업 전선은 그렇게 호락호락하지 않았다. 결혼 전 8년 동안의 경력이 무색할 정도로 유아들에 대한 감을 잃었고 일처리는 왜 이렇게 둔하고 더딘지 모든 것이 처음 실습하는 것처럼 낯설고 힘들었다. 사립유치원에서의 시스템과 공립병설 유치원에서의 시스템은 차이가 컸다. 복무, 결재, 서류 작업이 자유로운 사립시스템에 익숙했던 나는 철저한 공립 시스템에 적응하기 위해 신경을 곤두세워야 했다. 다시 취직해서 처음 한두 달은 어떻게 다녔는지 모를 정도로 정신이 하나도 없었다.

내 어린 자식들은 다른 원에 맡기고 나는 우리 유치원 아이들을 케어하고 있으니 이런 아이러니한 상황이 있을까? 우리 아이들은 내팽개치고 다른 아이들을 교육하고 있는 못된 엄마가 된 죄책감에 시달리기 시작했다. 몸은 여기 직장에 있으면서도 내 맘은 집에 우리 아이들을 향하고 있었다. 퇴근할 때쯤 녹초가 된 몸으로 다시 집으로 출근을 해야 했다. 옷도 갈아입지 못하고 아이들 저녁을 차려주어야 했다. 엄마가 가져다줄 먹이를 목 빠져라 기다리는 애처로운 둥지 속의 아기 새들처럼 우리 아이들도 나를 그렇게 기다리고 있었다. 미안한 마음에 얼른 밥을 차려주고 아이들을 바라보고 있노라니 우리 아이들이 짠하고 가엾게 느껴져 눈시울이 붉어지기도 했다.

아이들이 가엾게 느껴져도 어쩌겠는가? 이미 물은 엎질러졌고 내가 감당할 수밖에 없는 상황에 이르렀으니 책임지는 수밖에…. 일할 수밖에 없는 상황을 만든 남편이 한없이 미웠다. 최고의 위기였다. 없는 살림에 그렇게 사업을 말렸건만 굳이 해보겠다고 이 지경까지 만든 남편이 원망스럽고 한탄스러웠다.

행복하고 달콤할 줄만 알았던 나의 결혼생활은 현실이란 벽 앞에 와르르 무너졌다. 사업하면서 상황이 좋지 않아 생활비를 제때 갖다주지 않을 때였다. 카드대금은 나가야 하고 대출금, 월세는 나가야 하는데 돈은 없고 정말 막막했다. 돈이 나올 구멍은 없는데 남편을 닦달했다. 카드값이 이 정도니 빨리 돈을 주라고. 남편도 스트레스 받고 얼마나 답답했을까 싶다. 하지만 난 이런 가정 상황에서 남편을 이해하고 아량을 베풀 여유가 없었다.

결국 마지막 히든카드 보험마저 깨야 했다. 20대 초에 들었던 생명보험을 깨서 생활비를 충당해야 했다. 보험사에 보험을 깨러 가자 보험창구 직원이 내게 말했다. "아니, 이 좋은 보험을 왜 깨세요? 이런 보험은 앞으로 절대 나올 수 없는 보험이에요." 나는 선택의 여지가 없었다. 당장 해지해서 카드 값을 충당해야 했기에 그냥 해지해달라고 했다.

이날 나는 버스도 타지 않고 1시간 이상 되는 거리를 터벅터벅 걸어 집으로 왔다. 답답한 마음을 삭이며 한없이 걸었다. 내 처지가 너무 한심하고 처량했다.

"내가 생각한 결혼생활은 이게 아닌데? 내가 이렇게 살려고 결혼을 한 건 아니었는데?"

모든 것을 결혼 전 상태로 되돌리고 싶었다.

"나 돌아갈래!"

〈박하사탕〉의 설경구가 외친 외마디 대사처럼 진짜 결혼 전으로 모든 것을 되돌리고만 싶었다. 이 악순환의 상황이 일을 그만둘 수 없는 생계형 워킹맘의 서막이었다.

04

아픈 아이를 놔두고
출근하며 울었던 엄마

유치원에서 현장 학습을 가는 날이다. 둘째 딸아이가 새벽에 갑자기 열이 나기 시작했다. 현장 학습 가는 날은 다른 날보다 더 출근을 서둘러야 한다. 현장 학습 가는 날에는 신경 쓰고 체크해야 할 목록이 많기 때문이다. 유아들을 위한 비상약품, 여벌옷, 돗자리, 유아들 이름표, 도시락 등 챙겨야 할 물품이 많다. 유치원 내부가 아닌 외부로 가는 날이라 더 긴장을 해야 한다. 안 그래도 신경이 쓰이는데 아이가 갑자기 열이 나니 당황스러웠다.

출근은 서둘러야 하고 아이는 열이 나고 이러지도 저러지도 못하는 딜레마 상황에서 난 발을 동동 굴러야 했다. 촉각을 다투는 상황에서 의지할 데는 친정엄마뿐이었다. 하지만 친정엄마도 가까이 사는 것도 아니다. 집에서 택시로 1시간 넘게 걸리는 곳에 사신다. 고민하다가 엄마께 부탁전화를 드렸다.

"엄마, 너무 죄송해요. 아이가 새벽에 열이 나요. 집으로 와서 애 좀 봐주세요."

친정엄마는 70을 훌쩍 넘기셨다. 5남매 중 넷째인 나는 친정엄마가 마흔 다 되어서 낳은 딸이다. 그래서 엄마께 부탁을 드리는 게 너무나 죄송스러웠다. 하지만 나는 선택의 여지가 없었기에 죄송함을 무릅쓰고 어머니께 부탁을 드려야 했다. 친정엄마는 힘겹게 택시를 타셔서 우리 집에 도착했다. 아이의 상황을 말씀드리고 간호와 아이들의 끼니를 부탁드렸다. 엄마는 죄송스러워하는 나를 보고 괜찮으니 얼른 출근하라며 나를 다독이며 안심시키셨다. 평소엔 버스를 타고 출근을 하는데 아이로 인해 늦춰진 시간 때문에 택시를 탔다. 택시 뒷좌석에 앉아 창밖을 바라보는데 눈물이 났다.

'아~, 나 지금 이 상황이 뭐지? 아픈 아이 놔두고 어딜 가는 거지?'

열 나는 아이를 친정어머니께 맡기고 출근을 해야 한다니, 아이한테 미안하고 친정엄마께 불효녀가 된 기분이 들었다. 매일매일 아이한테 미안하고 엄마께 죄송한 마음이 드는 이 불편한 마음을 감내해야 하는 내 자신이 거울에 비쳤다. 순간 내 자신이 처량하고 한없이 가엾기까지 했다. 택시에서 흘러나오는 구슬픈 노래는 내 마음을 더 아프게 했다. 이 글을 쓰고 있는 이 순간도 그때 생각이 떠올라 눈물이 맺힌다.

직장 유치원에 도착해서도 내 마음은 온통 집에 있는 아이에게 향했다. 즐거워야 할 현장 학습이 절대 즐겁지 못했다. 불편한 마음을 감추고 아이들에게는 웃으며 대했지만 속내는 말이 아니었다. 이후에도 아이는 몸이 약해 자주 열이 나고 아팠다. 애가 아플 때마다 멀리 살고 계시는 어머니를 부를 수는 없었다. 그래서 우리 부부가 선택한 것이 남편이 야간에 하는 직업을 선택한 것이었다. 난 낮에 일하고 퇴근 후 아이들을 케어하고 남편은 밤에 일하고 낮에 아이들을 돌보는 형식을 택했다. 한마디로 우리 부부는 아이들 케어로 인해 바톤터치 부부가 되었다. 낮에는 남편이 아이들 등하원과 아플 때 병원 가는 것, 유치원 행사 등을 책임지고 나는 퇴근 후 아이들 끼니와 살림, 학습 등을 책임졌다. 밤과 낮이 바뀐 남편은 많이 힘들었을 것이다. 낮에 잠을 잘 잤을리가 없다. 각종 소음으로 잠을 잘 청할 수 없다고 했을 땐 마음이 아팠다. 건강도 걱정이 되었다. 하지만 우리가 선택할 수 있는 최선의 방법은 이 방법뿐이었다. 4년 동안 이렇게 우리 부부는 주말 부부처럼, 눈만 마주치고 서로 아이들을 인계해 케어했다. 피곤함에 절어 있지만 남편은 아이들을 잘 보살폈다. 아이들 씻기기, 장보기, 집안 정리까지 남편의 도움이 컸다. 그나마 내가 버티며 일할 수 있었던 큰 원동력이었다.

세상에서 제일 부러운 사람들이 있다. 로또 맞은 사람? 아니다. 바로 친정이나 시댁이 가까이 있어서 어른들이 아이들을 대신 케어해주는 워킹맘이다. 눈물겹도록 부럽고 또 부러웠다. 그중에서도 친정엄마나 시어머니께서 밑반찬을 해주시는 사람들이 제일 부러웠다. 난 이런 경험을 해본 적이 없기에…. 소망이고 선망의 마음뿐이다. 아이가 어렸을 때도 너무 민감해 하루도 맡겨보질 못했다.

친정엄마는 나이가 많으시고 시아버지는 홀로 서울에 사시니 맡겨볼 생각을 못했다. 아니 생각조차 안 했다. 오롯이 나의 몫이었다. 내가 근무하는 유치원에도 맞벌이 부모의 자녀들이 많다. 대부분 맞벌이 유아들은 할머니 할아버지가 책임지시는 경우가 많다.

'아~, 좋겠다. 이 아이들의 엄마는 친정, 시댁 부모님들께서 도와주시니 얼마나 마음이 놓일까?'

물론 유치원 아이들의 엄마도 아이들의 케어를 부탁해야 했을 때 어디 맘이 편하겠는가? 아쉬운 소리 하며 눈치봐가며 용돈 드리며 부탁을 했을 것이다. 하지만 난 용돈을 드리면서라도 맡기고 싶었다. 구청에 아이 돌보미 서비스를 알아보았다. 순서를 기다려보았지만 우리에게 기회는 오지 않았다. 어느 날 또 아이가 아파 불가피하게 시아버지께 아이들을 부탁드려야 할 때가 있었다. 퇴근 후 돌아와서 죄송한 마음으로 부랴부랴 저녁을 준비하고 있는데…. 시아버지께서 남편한테 말한다.

"일하는 며느리 때문에 내가 뭔 고생이냐?"
"네 마누라 일하지 말고 집에서 살림하게 해라."

아…. 그 말을 주방에서 듣는 순간 멈칫할 수밖에 없었다.

'내가 누구 때문에 일하는데?'

'내가 일하고 싶어서 일하는 줄 아나?'

'남의 손자 봐달라는 것도 아니고 본인 손자 봐달라는데 그렇게 억울하신가?'

너무 서럽기도 하고 모든 것이 짜증이 났다. 시아버지께 받은 억울한 마음을 남편에게 짜증과 화로 그대로 투영했다.

현재 상황을 과거로 다 되돌리고 싶었다. 인생을 살다 보면 결코 되돌릴 수 없는 결정적 선택이 있다. 직장이나 직업은 마음에 안 들면 언제든 바꿀 수 있다. 하지만 결혼으로 형성된 가족, 자녀 이런 선택은 한 번 결정하면 뒤집을 수 없다. 아무리 간절히 원해도 되돌리고 싶어도 바꿀 수가 없다. 마음을 가라앉히고 나 자신을 알기 위해, 마음을 다독이기 위해 책을 읽었다. 독서는 긍정적 마인드를 갖도록 안내해주었다. 긍정적 스위치를 켤 수 있는 이는 오직 '나'라는 사실을 깨닫게 해주었다. 한 번에 나의 부정적 생각을 바꿀 수 있는 스위치를 켜기로 했다. 사실 어두운 방에 전등 스위치를 켜면 온 방이 환해진다. 구석구석이 환해지는 것이다. 한 번에 어둠은 사라진다. 그래서 시작한 독서가 이제는 나에게 마음속

풍요와 여유를 주었다. 책을 읽으니 과거의 결정에 얽매이지 않고 마음의 응어리가 풀리는 걸 느낄 수 있었다. 이 상황을 만든 남편이나 시아버지에 대한 마음이 미움의 감정에서 용서의 감정으로 변화되었다. 남편도 혼자 잘 살아보려고 시도한 일이 아니었다. 지금 어려운 가정을 좀 더 나아지게 하려고 노력한 과정들이었다. 시아버지도 나름대로 스케줄이 있으셨을 텐데 그 생활 패턴이 깨졌으니 화가 나실 이유가 마땅했다. 그렇게 이해하니 죄송스런 마음이 들었다.

　모든 후회가 밀려올 때 내가 할 수 있는 딱 하나는 수정이다. 남 탓을 하지 않는 것이다. 결국 내 탓이다. 누구를 탓한다고 바뀌는 건 없다. 힘들 때마다 그 시점에서 나는 책을 읽으며 다시 생각하고 내 삶을 점검하고 돌아보았다. 독서를 통한 지혜와 깨달음으로 나를 끊임없이 수정하며 행복해야 하는 나를 위해 나만의 삶을 만들고 있는 중이다.

05

임용고시에서
5번이나 떨어진 엄마

매월 11월이 되면 연례행사처럼 하는 일이 있었다. 바로 임용고시를 치렀다. 무슨 시험? 바로 교육공무원 유치원 정교사가 되기 위해 통과해야 하는 임용시험이다. 유아임용고시는 초등학교 취학 전 연령인 5~7세의 교육을 담당하는 유치원 교육 과정을 담당할 교사를 뽑는 국가시험이다.

나는 비정규직 교사다. 전혀 체감하지 못했다. 이곳에 근무하기 전까지는 말이다. 비정규직과 정규직의 차이를 알지 못했다. 비정규직이란,

정규직과는 달리 일하는 기간에 정함이 있고 근로방식 및 기간, 고용의 지속성 등에서 정규직과 달리 보장을 받지 못하는 것이다. 그나마 비정규직 중에서도 무기 계약직으로 전환되어 정년까지는 일할 수 있게 되었다. 천만다행이었다. 그전에는 해마다 한 해의 학기가 끝나고 다음 학기가 시작될 때면 근로계약서를 다시 써야 했다. 그리고 새로운 일자리를 알아봐야 한다는 부담감, 취업에 대한 불안감이 떠나지 않았다. 근로계약서를 쓰지 않아도 된다는 사실만으로도 고용불안에 대한 부담이 줄어 감사했다. 하지만 근무하면서 더 좋은 조건으로 일하고 싶은 열망이 나도 모르게 솟구쳤다.

다행히 정교사 자격증이 있어 아이들과 현장에서 함께하고 있지만 늘 마음 한구석이 공허하고 채워지지 않았다. 정교사들의 근무 조건이나 처우 등을 보면서 비교가 되었다. 나도 당당히 시험에 합격해서 정교사가 되어 여름, 겨울방학에 쉼을 가지면서 근무해 보고픈 갈망이 컸다. 먼저 시험 응시 방법과 과정에 대해 정보를 찾았다. 임용시험에 응시하기 위해서는 먼저 한국사능력검정시험 3급 이상의 자격이 필요했다. 먼저 한국사 책을 구입해 일 마치고 집에 와서 아이들을 챙기고 집안 살림을 정리했다. 아이들이 잠들면 'EBS 최태성 한국사' 강의를 들었다.

밤 10시쯤 컴퓨터를 켜고 한국사 책을 펼치고 공부했다. 얼마만에 책상에 앉아 강의를 듣고 공부를 하는 것인가? 퇴근하고 아이들 케어하고 밤늦게 앉아 공부를 하다 보면 피곤함이 쏟아질 텐데 전혀 피곤하지 않았다. 아니 오히려 목표를 갖고 공부를 하는 과정 자체가 설레고 행복했다. 중고등학교 시절 역사는 책만 펼치면 졸음이 오고 그냥 암기과목으로만 치부했는데 아이 둘 낳고 30대 중반 아줌마가 되고 보니 굉장히 흥미로웠다.

피곤함도 잊은 채 열정적으로 강의해주신 최태성 강사의 말씀 하나하나를 놓칠까 봐 열심히 필기하며 공부를 한 달 정도 했다. 정말 감사하게도 한국사능력검정시험을 첫 회에 합격했다. '나 아직 죽지 않았구나. 이 정도 실력이라면 임용시험 볼 만하겠는걸!' 하며 자신감을 넘어 신념이 들기 시작했다. 이때 의지와 열정이 활활 불타올랐다. 바로 임용시험에 필요한 서적들을 구입했다. 없는 살림에 그 비싸다는 100만 원을 훌쩍 넘는 유아임용 강의비도 결제했다.

하면 될 줄 알았다. 확신의 의지와 열정적인 마음으로 호기롭게 임용시험이라는 바다에 항해를 시작했다. 하지만 그 바다 항해의 맛은 쓰디

쓰다 못해 아린 맛이었다. 한마디로 고달프고 힘들고 외로운 항해였다.

우선 8시간을 풀로 일해야 하는 직장인이다. 여기에 플러스 두 아이 엄마이자, 한 남자의 아내이다. 집안 살림을 해야 하는 주부이기도 하다. 딸 노릇, 며느리 노릇도 해야 했다. 여기에 고시를 준비하는 학생 신분이 더해졌다. 한마디로 1인 6역을 수행해야 했다. 6가지 이상의 역할을 맡아 수행하게 되면서 나는 시간을 쪼개고 또 쪼개야 했다. 한마디로 무한 도전이었다. 아니 무모한 도전이었다. 결코 쉬운 과정이 아니었다.

새벽에 일어나 아이들과 남편이 깰까 봐 조심스레 책을 펼치고 이어폰을 끼고 밀린 강의를 들었다. 유아임용 과목은 15과목 이상이다. 크게 개론과 각론으로 나뉘는데 여기에 누리 과정 해설서와 지침서가 추가된다. 이외에도 교육청에서 제시하는 교육 자료까지 합하면 임용 공부 범위는 어마어마하게 방대하다. 이렇게 많은 15과목 이상의 강의를 들어야 했기에 시간이 절대적으로 부족했다. 시간 확보가 시급했다. 아이들 자는 시간, 새벽 시간을 이용해서 청취해야 했기에 인터넷 강의를 2~3배 빠른 배속으로 들어야 했다. 제대로 강의를 들으며 필기하며 집중할 리 만무했다. 한국사 공부와는 달리 딱딱한 이론 수업이라 졸음과 사투를 벌이며 공부를 해야 했다. 분명 대학교 때 전공했던 과목들임에도 15년이 지난 후 들으니 모든 내용이 낯설고 생소했다.

이런 악조건 속에서도 시험에 합격해 정교사가 되겠다는 일념 하나로 지친 기색 없이 나아갔다. 매일 가슴속 나폴레옹의 명언 '나에게 절대 불가능이란 없다!', '나는 꼭 합격한다!'라는 말을 되뇌며 주먹을 불끈 쥔 채 학습량을 늘리기에 여념이 없었다.

주말에도 아이들을 방치하며 밀린 공부를 해나갔다. 아이들 밥은 늘한 그릇 음식이었다. 유치원 여름방학이면 여동생 집에 아이들을 며칠씩 맡기기도 했다. 1년, 2년…, 5년까지 임용시험을 치르기까지 성적은 차츰차츰 올랐다. 하지만 몇 십 대 1의 경쟁률에서 내게 '합격'의 여신은 찾아오지 않았다. 불합격이었다. 늘 커트라인 점수 앞에서 무릎을 꿇어야 했다. 한 해는 논술 점수에서, 어느 해는 교육 과정 A에서 가늠할 수 없는 시험 방식과 방대한 공부량에 배신당하는 기분이 들었다. 1점 차이로 아니 0.1점차에 수많은 수험생의 합격 운명이 갈렸다. 젊고 총명한 20대 아가씨 선생님들과 공부에 올인하는 선생님들 사이에서 워킹맘 수험생인 내가 살아남기란 쉬운 일이 아니었다.

시험에서 낙방될 때마다 자책감, 열등감, 무능력감이 나를 휘몰아치듯 감쌌다. 대학교 내내 나름 장학금도 받고 공부했던 나인데, 현장에서의 경력이 몇 십 년인데 실력이 이 정도밖에 안 되나 싶어 스스로를 자괴감 구렁텅이에 몰아넣었다. 좀 더 인정받고 싶어서, 좀 더 안정된 근무 환경에서 일하고 싶어서 공부를 했던 것인데…. 현실은 나를 완전히 모른 체하며 도와주질 않았다. 아이들에게 험난한 악조건을 이겨내고 목표를 이룬 당당한 엄마의 모습을 보여주고 싶었다. 아이들에게 열심히 공부해서 성공한 엄마로서 롤 모델이 되고 싶었다. 너무 과한 욕심이었을까?

공부 시간이 길어지면서 집안은 그야말로 엉망진창이 되어가고 있었다. 큰아이가 고학년 사춘기에 접어들면서 사사건건 부딪히기 시작했다. 첫째 아들과의 관계가 최대로 악화되었다. 둘째 딸아이는 나에게 불안애착을 보이기 시작했으며, 남편도 정리되지 않은 집을 보면서 짜증과 불만이 늘어갔다. 인생 최대의 위기 순간이었다. 심리적으로 육체적으로 한계에 다다르고 내 자아가 흔들리기 시작했다. 그럼에도 불구하고 이겨내서 꼭 합격해 힘든 순간을 견뎌준 가족들에게 보상해주고 싶었다. 하지만 현실은 절대 도와주지 않았다. 공부로 인한 과도한 스트레스로 결국 하혈을 하고 말았다. 병명은 '자궁내막증'이었다. 병원에 가자마자 바로 응급수술을 했다. 약을 먹으며 경과를 지켜본 후 또 한 번의 수술 과정을 거쳤다. 직감해야 했다. '임용의 끈을 놓아야 하는 순간이 왔구나. 여기까지구나. 그래야 내가 살겠구나. 건강을 잃고서는 아무것도 할 수 없구나.' 이 사실을 직감하는 순간 5년간 아등바등 공부하며 악착같이 버텨왔던 모든 순간의 조각들이 먼지가 되어 산산히 부서져 흩어져버렸다. 노력하고 애쓴 시간들이 물거품이 되었다. 공허함과 허무함에 미칠 것 같았다.

그런데 이때 『그러니까 당신도 살아』라는 책이 눈에 들어왔다. 제목이 가슴에 꽂혔다. 저자 오히라 미쓰요는 현재 변호사다. 중학교 1학년 때부터 왕따를 당했다. 오해가 불러온 사소한 사건으로 학교 친구들의 미움을 사게 된다. 미쓰요에게는 학교가 지옥이었다. 왕따의 괴로움을 견디지 못하고 중학교 2학년 때 자살을 시도했다. 스스로 배를 3번이나 칼로 찔렀다. 바로 죽을 줄 알았건만, 고통 속에서 의식은 없어지지 않았다. 미쓰요는 자신의 상황을 자포자기하고 되는 대로 살아가게 된다. 22세에 야쿠자인 남편과 이혼을 하고 호스티스로 생계를 이어간다. 호스티스의 모습으로 아버지의 친구였던 오히라 아저씨를 만나면서 변화가 된다. 점점 삶의 의지를 갖게 되어 결국 새로운 사람으로 태어난다. 사법고시에 도전한다. 엄청난 노력으로 결국 사법고시를 패스한다. 이 장면에서 박수가 절로 나왔다. '나는 포기했는데, 이 주인공은 결과를 이루었구나.' 부러웠다.

한편으로는 '나만 아픔을 겪는 게 아니구나. 이런 사람도 재기할 수 있구나.' 하는 생각이 들었다. 부럽기도 하고 그 역경을 이겨내 재기에 성공한 모습에 박수를 보내고 싶었다. 모든 사람의 인생은 예기치 못한 고난과 문제의 연속 가운데 살아간다. 나는 수없이 나만 불행하다고 생각했다. 그것은 부정적인 마음이 불러일으킨 오해라는 것을 깨달았다.

누구의 인생이든 어떤 날은 좀 더 행복하고 어떤 날은 좀 더 불행할 뿐이라는 것을 말이다.

'내 역량이 여기까지구나. 도전했다는 용기가 어디야?'
'인생에 값진 경험이었어. 언제 또 이런 경험을 해보겠니?'
'워킹맘으로 일하며 아이 키우며 살림하며 공부도 했잖아. 그 열정에 박수를 보낼게.'
'정말 수고했어, 애썼어.'

이렇게 나를 다독였다. 기회는 위기의 옷을 입고 온다고 했다. 시험 낙방과 건강 악화라는 처절한 삶의 위기로 새벽에 온전한 나를 마주할 수 있었다. 독서 몰입과 글쓰기라는 기회로 인해 상처 치유라는 선물로 다가왔다.

06

매일 욱하고
버럭 화내는 엄마

왜 그리도 화를 냈을까? 늦은 밤 잠이 든 아이들 옆에서 화를 낸 엄마는 미안함에 또 후회와 자책을 한다. 뭐 그리 화낼 일이라고 그렇게 욱하며 화를 냈을까? 문제는 이런 후회와 자책을 반복하는 나의 메마른 하루하루의 삶이 너무 힘들었다.

직장일이 끝날 때쯤 고민이 시작된다. '오늘 아이들 저녁은 뭐해 먹이지?' 버스를 기다리면서 메뉴를 정하고 집 앞 슈퍼에 들러 장을 본다. 저녁거리를 무겁게 사들고 집으로 향한다. 집 문을 열면 현관 출입구부터 어질러진 신발이 맞이한다. 중문을 지나 거실에는 각종 옷가지와 정리되지 않은 책들로 마음이 답답해진다. 그리고 싱크대에 아침부터 낮에 아이들이 먹은 설거지거리가 산더미다. 순간 짜증이 솟구치면서 화가 치밀어 오른다. 엄마를 애타게 기다렸다는 듯 '엄마' 하며 반기는 딸아이와 눈을 맞추고 안아주기는커녕 소리부터 질렀다.

"이게 뭐야? 너희들 정리하고 안 놀 거야? 정말?"

"엄마 오기 전에 정리하라고 했지?"

"공부는 다 했어? 책은 읽었어?"

"하루 종일 TV만 본 거 아냐?"

"게임은 얼마만큼 했어?"

이런 엄마의 폭풍 잔소리에 아이들은 기가 죽는다.

"엄마가 바깥에서 힘들게 일하면 너희들은 집에서 이 정도는 해줘야 하는 거 아냐?" 하며 화를 냈다. 옷은 대충 갈아입고 저녁을 준비한다. 배고프다는 아이들 말에 나의 손은 빨라진다. 나는 요리를 못한다. 신혼 때도 책에 적힌 내용 정독해가며 요리를 해도 맛이 안 나는 일명 '요알못'이다. 그런데 결혼 10년차가 넘어가니 손에 익은 탓인지, 늘 시간에 쫓기는 워킹맘의 삶에 적응이 된 건지 나만의 레시피가 생겼다. 아이들 저녁을 차려준 후에야 쉼을 갖는다.

저녁을 차리고 식사 후 여유롭게 쉼을 갖고 있는데 딸아이가 수학 시험지를 가지고 온다. 두 자리 수 곱셈이 어렵다며 나에게 도움을 요청했다. 평소에 딸아이 공부를 도와주지 못했는데 오랜만에 딸의 요청에 같이 책상에 앉아 문제 풀이 과정을 지켜보았다. 곱셈을 계산한 후 연산을 하는 과정에서 딸아이가 자꾸 계산을 틀리는 실수를 연발했다.

처음에는 "딸, 다시 계산해봐."라며 친절하고 우아한 목소리로 말했다. 그런데 두 번째 문제에서 또 더하기, 빼기를 틀리는 것이 아닌가? 순간 마음속에서 화가 났다. 하지만 차분한 목소리로 "이거, 맞게 계산한 것 같아?"라며 되물었다. 그런데 아이는 대답이 없다. "확실해? 확실하냐고?"라며 큰소리로 물었다. 딸아이는 고개를 푹 숙인 채 자신감 없는 모습으로 다시 계산을 한다. 나는 그 모습이 또 맘에 들지 않아 "고개 들어! 틀려도 자신 있게 해."라며 아이를 다그쳤다. 이 말을 듣고 딸아이는 닭

똥 같은 눈물을 흘린다. 난 또 그 모습에 다독여주기는커녕 또 버럭 화를 내고 말았다. "왜, 울어? 이게 울 일이야? 지금 몇 학년인데? 더하기 빼기를 틀리면 어떡해?"

이 광경을 지켜보던 남편이 "너희 엄마, 왜 이렇게 자주 욱하고 화내니?" 나의 모습을 보다 못한 남편이 던진 한마디였다. 내가 그만큼 화를 자주 내고 있었다는 증거이다. 부끄러웠다. "당신 아이들 공부 가르쳐주지 마! 내가 할게 나와!" 하며 나 대신 딸을 안아주며 위로해준다. 그리고 천천히 문제를 다시 읽으며 다정한 목소리로 딸아이에게 설명을 해준다. 아이가 이해를 못 하자 남편은 차분한 목소리로 예를 들어가며 아이의 입장에서 가르쳐준다. 어느새 울고 있던 딸아이는 아빠와 웃으며 문제를 풀고 있다. 이 광경을 지켜보던 나는 자존심이 무척 상했다. 후회가 되고 쓸쓸한 감정이 밀려왔다. 이깟, 수학 문제가 뭐라고? 사랑스러운 딸아이의 기분을 상하게 했을까? 더하기 빼기 연산 좀 틀릴 수도 있는데 그것이 무슨 큰 죄라고 아이의 마음에 상처를 줘야 했나 하는 자책감에 휩싸였다.

나는 종종 무너졌다. 내가 가장 사랑하는 아이와 남편 앞에서 내가 원하는 모습으로 서 있지 못했다. 나는 때로 내 아이보다 어린아이처럼 행동했고, 어느 날은 무서운 괴물처럼 행동했다. 모든 것이 만족스럽지 않았던 어떤 순간에는 아이를 외면한 채 상념에만 빠져 있었고 돌아서서 후회하며 나 자신을 미워했다. 나는 나를 어떻게 다루어야 하는지 몰랐고, 내 감정을 어떤 방식으로 돌보아야 하는지 몰랐다. 감정을 보지 못하고 다루지 못한 채 감정대로 행동하는 삶이 이어졌다. 눈물을 머금고 바라본 파란 하늘이 가르쳐주었다고 할까. 날 바라보며 웃던 아이의 미소가 가르쳐주었다고 할까, 내 품에 안겨 사랑스럽게 자고 있는 아이의 숨소리가 가르쳐준 걸까. 나는 내 모든 감정이 내가 살아 있다는 증거라는 사실을 받아들이기로 했다. 때로는 슬펐고, 때로는 불안했고, 때로는 화가 났던 모든 날이 내가 살아 있는 인간이기 때문에 자연스럽게 올라오는 감정이라는 것을 있는 그대로 받아들이기로 했다. 『엄마의 말하기 연습』의 저자 박재연 소장은 이렇게 전한다.

"화는 화가 아니라 걱정의 다른 이름입니다. 화라는 감정은 억누르거나 상대에게 터트리는 것이 아닙니다. 오히려 그 감정을 잘 보살피며 세밀하게 바라보고, 무엇 때문에 자신의 바람이 좌절됐는지 이해해줄 필요가 있습니다."

화라는 보따리 안에 있는 다른 감정을 깨달으라고 한다. 화라는 보따리를 펼쳐보면 그 안에는 정확하고 세밀한 감정이 있다고 한다. '서운했고, 억울했고, 슬펐고, 걱정되었고, 불안했고, 좌절했고, 맥이 빠졌고, 지쳤고, 겁이 났다'는 저자의 표현에서 나는 내 감정을 고스란히 들킨 것처럼 뜨끔했다. 그리고 깊게 공감했다.

진짜 내 마음이 그랬다. 워킹맘으로 살면서 나는 밖에서도 집에서도 일을 해야 한다는 억울함과 불만, 짜증이 늘 내재되어 있었다. 그리고 아이들을 제대로 케어하지 못한다는 불안감, 미안함이 가득했다. 일에 대한 회의감으로 순간순간 맥이 빠지기도 했다.

육아서들은 내 내면을 거울로 들여보는 듯했다. 책을 읽는 순간만큼은 저자가 온화하고 따뜻한 미소로 내 등을 토닥토닥 안아주는 상담자이자 친구가 되어주었다. 나에게 진심으로 공감해주고 격려와 위안, 위로를 해주었다. 저자는 외면했던 내 마음의 상처를 어루만져주는 듯했다. 치유 그 자체였다. 세상에 완벽한 부모는 없다. 그러니 최고의 부모가 되겠다가 아니라 최선을 다하는 부모가 되겠다고 다짐해보는 건 어떨까?

07

페르소나를
벗어던지고픈 나

"어머, 선생님은 어쩜 그렇게 매일 환하게 웃으세요?"

"보는 제가 다 행복해요!"

"집에 있는 아이들에게 어떻게 그렇게 친절하게 대하세요?"

한마디로 아니다. 나는 친절하지 않은 사람이다. 나는 미소와 친절이

라는 가면을 쓰고 사회적 역할을 수행하고 있다. 페르소나란 그리스 어

원의 '가면'을 나타내는 말로 '외적 인격' 또는 '가면을 쓴 인격'을 뜻한다.

스위스의 심리학자이자 정신과 의사인 칼 구스타프 융은 사람의 마음은 의식과 무의식으로 이루어지면 여기서 그림자와 같은 페르소나는 무의식의 열등한 인격이며 자아의 어두운 면이라고 말했다. 나는 미소를 장착하고 친절하려고 노력하는 사람이다. 오랫동안 이 직업세계에서 일을 하면서 어쩜 그렇게 해야 하는 신념처럼 그렇게 내재되어버린 것일지도 모른다. 한마디로 미소와 친절이 페르소나로 장착되어버렸다. 직장에서는 친절의 페르소나지만 집에서는 악한 페르소나다. 한마디로 직업의식에 입각하여 그것을 실행하고 있을 뿐이다.

학과에서 배웠다. 교사론에 명시되어 있다. 교사의 개인적 자질과 전문적 자질에 대해서 말이다. 개인적 자질이다. 정신적으로 신체적으로 건강해야 한다. 인간에 대한 사랑과 친절을 갖추어야 한다. 온정적인 성품이어야 하며 성실하고 창의성도 갖추어야 한다. 융통성을 발휘해야 하며 인내심과 열정도 가득해야 한다.

그래서 나는 현장에서 내면의 소리를 제대로 표출하지 못하고 있다. 전문적 자질로는 전문적 지식과, 교수기술과 교육관과 직업윤리의식이 요구되지만 수시로 딜레마 상황에 빠지게 된다. 혼란스러울 때가 많다.

페르소나 속의 감정들을 감추고 나는 일을 한다. 그로 인해 나는 분출되지 못한 감정들이 가슴속에 쌓여간다. 좋은 감정도 생기지만 좋지 못한 감정쓰레기들이 쌓여간다. 안타깝게도 나는 밖에서 해결하지 못한 감정의 쓰레기들을 집에 가지고 온다. 집이 감정 해우소가 되어버린다. 나보다 약하다고 생각하는 아이들과 나의 모든 걸 받아주는 남편한테 감정쓰레기들을 버리고 있다. 이런 나의 어린아이 같은 감정 해소에 가족은 상처를 받는다. 자책하고 후회한다. 그러면서도 또 반복한다. 악순환이 된다. 악순환의 연결고리를 끊어버리고 싶은데 감정 조절이 힘들다. 많은 유아들을 돌보는 가운데 육체적 정신적 소모가 너무 크고 다양한 부모의 요구사항과 민원에 시시각각 대처해야 하는 가운데 자아가 흔들린다.

윤홍균의 『자존감 수업』에서는 자존감을 훼손하는 직업에 대해 언급하고 있다. 비정규직, 워킹맘, 전업주부, 감정노동자, 동료의 사직을 바라보는 직장인, 수험생, 취업준비생, 전문직이라고 한다. 그중 나는 비정규직, 워킹맘, 감정노동자라는 3가지 항목이나 속해 있다. 그래서 나는 그렇게 자존감이 훼손되어 있고 바닥을 쳤던 것이다.

계약이라는 단어가 들어가서 좋은 의미로 쓰이는 경우는 거의 없다.

계약 결혼, 계약 커플, 계약직 모두가 씁쓸한 여운을 남긴다. 직원은 직원인데 언제 계약이 해지될지 모르는 사람들, 정규직이 아닌 이들이 느끼는 불안감과 스트레스는 상상을 뛰어넘는다.

외부 상황도 상황이지만 계약직 스스로가 느끼는 감정도 매우 불안하다. 어떤 일이 주어졌을 때 그 일이 원래 내게 주어진 일인지, 계약직이라서 떠맡은 일인지 의구심이 든 적이 있다.

나는 또 일하는 엄마이다. 밖에서 일하는 엄마라면 누구나 상처가 있다. 아이를 두고 출근하는 첫날 많은 엄마들은 가슴이 아프다. 나 역시 그랬다. 어린이집 가기 싫다고 저항하는 아이를 억지로 떼어놓고 도망치듯 나와야 했다. 몸은 직장에 있지만 마음은 아침에 울고 온 아이에게 향해 있다. 아이가 아프기라도 한 날은 가슴이 미어진다. 매일매일 아이와 직장이라는 선택의 기로에서 줄타기를 하는 기분이다. 순간 모든 걸 놓아버리고 싶은 날이 계속되었다.

얼음이 꽁꽁 얼 정도로 추운 겨울이었다. 아이가 늑장을 부리는 바람에 출근시간이 많이 늦었다. 그래서 큰아이는 걸리고 둘째 딸아이는 번

쩍 앉았다. 신호등도 무시하고 뛰어야 했다. 어린이집에 다다랐을 때다. 어린이집 앞에 얼어 있던 웅덩이 얼음을 밟고 말았다. 아이를 안고 뛰는 바람에 그만 미끄러져 넘어지고 말았다. 바지의 무릎 부분이 찢어졌다. 그 와중에도 나는 아이가 다칠까 봐 아이의 머리를 감쌌다. 다행히 아이는 다치지 않았다. 아픈 줄도 모르고 버스에 올라탔다. 찢어진 바지를 봤을 땐 순간 서러움이 북받치듯 올라왔다.

사회 활동하는 엄마가 더 멋지다고 다짐해보지만 아이를 잊고 마음 편히 일에만 매달리는 수 있는 엄마는 흔하지 않을 것이다. 또 막상 일에 집중하면 죄책감에 시달리기도 한다. 아무렇지도 않으면 '난 좋은 엄마가 아닌가? 나는 모성애가 부족한 엄마인가?' 하는 생각도 든다. 게다가 대다수 워킹맘은 퇴근 후 집안일도 하고 있다. 심신이 지쳐가는데 직업과 처지에 나의 가치를 느끼기란 쉽지 않다.

나는 감정노동자이기도 하다. 감정노동자들은 깔끔한 옷을 입고 늘 미소를 띠어야 한다. 예를 들면 승무원, 안내원, 판매직, 상담원, 교사들이다. 이들은 사람을 상대하는 서비스 직업이다. 이들은 보이는 모습 이면에 엄청난 고뇌를 안고 산다. 하루 종일 웃느라 얼굴에 경련이 일어날 지경이다. 퇴근할 때까지 그렇게 웃어야 하니 엄청난 감정적 소모가 요구된다.

EBS 〈못난이 심리학〉에서는 이렇게 말했다.

"미움받기 싫어서 직언을 하지 못하고, 속마음을 숨기고 살아간다면, 그것은 타인에게 속박당하는 자아로서, 곧 '두꺼운 철가면'을 쓰고 살아가는 것이다. 진정한 자아는 누구인가? 가면을 쓴 나는 진짜가 아니다."

이제 나는 페르소나 속에 교사의 품위를 유지하려고 애쓰는 이미지를 벗어던지고 좀 더 진정한 나를 만나려 한다. 페르소나에 가려졌던 나의 감정들에 좀 더 솔직해질 필요가 있다.

사랑하는 아이와 남편이 있는 가정까지 불편한 감정들을 표출하지 말고 직장 문을 나서는 순간 모든 것을 던져버려야겠다고 생각했다. 훼손되고 낙담되었던 에너지와 자존감은 다양한 책이 주는 지혜와 깨달음을 통해 조금씩 회복되고 있다.

2장

새벽 몰입독서로
삶의 희망을 찾다

01

새벽 독서로 잃어버린
자존감을 찾다

임용시험에서 다섯 번이나 떨어지고 나니 별의별 생각이 다 들었다.
'내가 이 정도밖에 안 되는 사람이구나.' '평생 비정규직에서 벗어나지 못
할 삶이구나.' 주체할 수 없는 열등감에 휩싸였다. 업무적 소진은 더욱 심
해졌다. 가족, 지인들이 나를 비웃고 조롱하는 것만 같았다. 공부한다며
아들과 관계가 최악의 단계까지 나빠져 악순환이 계속되고, 딸아이는 엄
마는 공부만 하는 사람으로 치부하고 아빠만 찾았다. 직장에서, 가정에
서 어느 것 하나 역할을 제대로 수행하지 못하는 것 같은 자책감과 더불

어 자존감은 급하강했다. 나의 존재가치를 찾을 수 없었다. 회의감과 무기력감이라는 감옥 안에 갇혀서 헤어 나오지 못했다. 나의 정체성이 태풍에 고목이 나부끼듯 그렇게 흔들리고 있었다. 삶의 의미를 잃어가고 있었다. 낙담되고 자존감이 바닥일 때 우울함을 전환시켜줄 무엇인가 집중할 것이 필요했다. 깊은 잠을 청하지 못했다. 새벽에 자다 깨기를 반복했다. 순간 눈에 들어온 책이 있었다.

그 책이 할 엘로드의 『미라클 모닝』이다. 할 엘로드는 20세의 나이에 음주운전자의 차와 정면으로 충돌해 현장에서 크게 다치는 사고를 당한다. 11군데의 골절과 영구적인 뇌 손상을 입고, 6분간 죽음을 겪고 혼수상태에서 깨어나 다시는 걷지 못할 수도 있다는 소식을 듣게 된다. 그리고 두 번째 절망은 최악의 불경기를 겪으면서 하룻밤 사이, 성공적으로 일궈낸 사업이 망해 빚더미에 파묻힌다. 생애 가장 최악의 상황을 맞닥뜨리며 밑바닥을 친다. 신체적 죽음과 경제적 죽음이 함께 왔다. 도미노처럼 삶의 모든 면이 차례로 무너졌다. 육체적으로, 정신적으로, 감정적으로, 경제적으로 엉망이 되었다. 삶을 놓아버리고 싶을 정도로 저자는 힘이 들었다. 어느 날 저자의 삶을 바꿀 글귀를 발견한다. 스티브 파브라니의 블로그에서 읽은 '하루의 방향키'라는 글이다. 첫 번째 한 시간은 하루의 방향키다. 만약 내가 잠에서 깬 후 첫 한 시간을 게으르고 무계획적으로 보낸다면, 무척 게으르고 멍하게 하루를 보낸다. 그리고 삶을 바꿀 만한 습관들을 적어 내려간다. 명상, 확신의 말하기, 일기 쓰기, 시각화, 그리고 독서와 운동…. 저자는 바로 실행에 돌입한다. 이 습관들을 실천하면서 기적을 경험한다. 의식이 바뀌고 삶이 활기차지고 인생이 송두리째 바뀌는 미라클을 경험한다. 순간 나도 미라클 모닝을 실천해야겠다는 의지가 불끈 솟아났다.

'이 저자보단 내가 겪고 있는 상황이 훨씬 낫지 않은가.' 나도 한번 할 엘로드처럼 미라클 모닝을 실천해 삶의 변화를 맞이하고 싶었다. 다음 날부터 바로 실행으로 옮겼다. 5시 기상을 목표로 정했다. 일어나기가 쉽지 않았다. 매일 7시에 일어나기도 힘들어 알람을 몇 차례로 정해놓고 끄기를 반복했던 나이다. 작심삼일 하기를 수십여 차례, 새벽 2시간을 온전히 내 시간으로 확보할 수 있었다.

아침 루틴은 대략 이렇다.

– 일어나자마자 물 200~300ml 마시기

– 명상하기(감사와 하루 계획 세우기)

– 스트레칭 및 몸 이완하기

– 독서 몰입하기

– 블로그, 혹은 브런치 플랫폼에 포스팅하기

천근만근 몸을 억지로 겨우 일으켜 아이들 아침을 챙기고 출근 준비하기에 정신이 없다. 한숨을 내쉬며 아침을 준비하고 오늘 하루는 또 어떻게 보내나 근심과 불만으로 하루를 시작했던 나인데 변화가 찾아왔다.

부정적 에너지로 가득했던 아침이 긍정적 에너지로 채워지기 시작했다. 아무도 방해받지 않고 오롯이 나에게 집중했던 2시간 덕분에 충만함이 채워졌다. 아침 준비를 하는 게 힘들지 않았다. 나도 모르게 콧노래를 부르며 음식을 준비하고 있지 않은가? 그리고 아이들의 아침잠을 깨울 때 사랑스런 목소리로 깨우고 있는 나를 발견한다.

출근을 위해 옷을 고르며 준비할 때도 힘들기보다는 즐거웠다. 아니 감사함이 생겼다. 내 몸이 건강해서 일을 하고 있지 않은가? 내 일을 하고 있다는 것, 나를 필요로 하는 곳이 있다는 것에 감사했다. 불과 며칠

전까지만 해도 나의 존재가치는커녕 삶의 방향을 잃고 방황했던 나였다.

'내 삶은 왜 꼬이기만 하지?'
'내가 바라던 삶의 방향은 이게 아닌데….'
'정녕 이렇게 사는 게 맞는 건가?'
'난 언제쯤 움츠린 어깨를 펴고 당당해질 수 있을까?'

수많은 절망의 질문이 내 삶에 의구심이 들게 했다. 남들은 다 직진해서 가는데 나만 먼 길을 우회하는 삶을 사는 것 같았다. 나는 늘 노력했다. 어릴 때부터 직장인이 되고 두 아이의 엄마가 되고 워킹맘을 사는 지금까지 남에게 칭찬받고 사회에서 인정받으려 부단히 애를 썼다. 하지만 꿈을 위해 노력한 대가와 결과는 모두 나를 배신하고 비켜 갔다. 어릴 적 나는 인자하고 따뜻하신 선생님의 보살핌과 배려를 보면서 초등학교 교사가 되는 것이 꿈이었다. 초등학교, 중학교 시절까지 우등상을 한 번도 놓치지 않았던 나는 고등학교 때부터 흔들리기 시작했다. 내신등급은 1등급으로 아주 우수했지만 수능에는 너무나 취약했다. 대학수학능력시험에서 부족한 점수로 교대의 문턱에서 맥없이 좌절을 맛보아야 했다. 고등학교 때 IMF가 터졌다. 기업들이 줄줄이 무너지고 파산하고 아버지들의 직업이 사라져 하루아침에 백수 상태가 된 아주 혼란의 시기였다. 우리의 학과 선택은 안전한 직업 학과를 선택할 수밖에 없었다. 당연히 초등학교 교사가 인기 학과로 급상승 인기를 끌며 경쟁률은 최고를 경신했다.

당연히 탈락의 고배를 마시고 차선책으로 유아교육학과를 선택해야 했다. 비정규직의 굴레에서 벗어나고파 워킹맘으로 지내면서 시험공부에 매진했다. 하지만 건강 악화만 남긴 채 실패란 결과 앞에 무릎을 꿇어야 했다. 이런 낙담된 마음은 새벽 독서로 서서히 치유되기 시작했다.

정영욱 작가의 『참 애썼다, 그것으로 되었다』는 이렇게 전한다.

"오늘도 어떤 것으로부터 어떤 삶으로부터 어떤 슬픔으로부터 버텨내기 위해 애썼다. 그것이면 된다. 당신 이마에 손을 얹는다. 당신 참 열심히 살았다. 당신, 참 애썼다. 사느라, 살아내느라, 여기까지 오느라 애썼다."

이 구절들이 나의 마음을 대변해주었다. 김미경 저자의 『이 한마디가 나를 살렸다』에서 저자는 20대부터 지금까지 30년 내내 아이 키우며 돈 버느라, 밤새워 공부하느라, 돈 잃고 사람 잃고 죽을 것처럼 괴로웠다고 한다. 그렇게 크고 작은 인생의 짐들이 내 등 위에 무겁게 올라앉아 있더라는 표현에서 격한 동질감을 느꼈다. 저자는 그래서 그날 스스로에게 이런 말을 건네주었다고 한다. '미경아, 너 너무 가엾게 살았구나. 그동안 정말 힘들었구나. 정말 애썼다. 진짜 고생했어.' 이 부분에 나도 모르게 감정이입이 되어 눈물이 차올랐다. 나도 저자의 말에 그대로 대입해서 나에게 되뇌어보았다. 말들이 따뜻한 온기가 되어 내 몸과 마음을 적셔주었다. 앞으로는 나 자신을 미워하기보다는 내 모습 그대로를 인정하고 따뜻하게 안아주어야겠다고 다짐했다.

땅에 떨어졌던 자존감이 스르르 고개를 들었다. 우리가 자존감을 지키며 살기 위해서는 자신의 현재 모습 그대로를 수용하고 인정하는 것부터 시작해야 한다. 나는 다른 사람이 될 수 없고 다른 사람이 될 필요도 없다. 불완전한 모습 그대로의 나를 인정하고 괜찮게 여기는 것이 자존감의 시작임을 알게 되었다. 무엇보다 나를 스스로 인정하는 연습부터 하기로 했다. 자존감을 찾기 위해선 오롯이 나만의 시간이 필요하다. 어떻게 해서든 나만의 시간을 확보해야 한다. 미워하고 증오했던 나를 애정하는 마음으로 바라봐주었으면 한다. 책을 통해 느꼈던 위로와 격려의 감정과 설렘, 충만한 행복을 같이 느끼며 깊이 공감했으면 한다. 불편한 감정에 휩싸였던 삶을 조금씩 변화시키기 위한 희망과 솔루션을 나는 새 벽 독서에서 발견하기 시작했다.

새벽 몰입독서의
힘은 위대하다

몰입이란 과연 어떤 상태일까? 몰입 전문가 황농문 박사는 저서『몰입』에서 이렇게 정의한다.

아프리카 초원을 거닐다가 사자와 마주쳤다. 이때는 이 위기를 어떻게 빠져나갈까 하는 것 이외에는 아무 생각이 없을 것이다. 이 상태가 바로 몰입이다. 몰입 상태에서는 한 가지 목표를 위하여 자기가 할 수 있는 최대 능력을 발휘하는 비상 상태가 발동한다고 한다. 자신을 초긴장 상태로 만들어 모든 것을 잊고 오로지 한 가지 일에 집중하기 때문에 잠재된 능력을 최대로 발휘하는 것이라고 한다. 우리는 가끔씩 일상 속에서도 쉽게 몰입 상태를 경험한다. 어떤 일에 심혈을 기울여 열중하다 보면 시간이 어떻게 흐르는지도 모른다. 어떤 일에 몰입하고 있는 사람은 누가 아주 큰 소리로 자신의 이름을 불러도 모른다. 독서를 하고 나서 이런 경험이 있었다. 독서삼매경에 빠지면 딸아이가 몇 번을 불러도 못 들을 정도로 독서에 몰입할 때가 종종 있었다. 책 한 권에 푹 빠지다 보면 화장실 가는 것도 잊은 채 몇 시간째 책을 읽었던 적도 있다.

좋아하는 일에 집중하다 보면 완벽한 몰입 상태가 된다. 나는 가끔씩 평소 궁금하거나 공감되는 내용의 책이 술술 읽힐 때면 그 공간이 마치 현 세계와 단절된 느낌이 들어서 완벽한 몰입에 빠진다. 새벽 30분 이상의 몰입독서는 나의 습관이 되었다. 거의 매일 하루도 빠지지 않고 반복하는 일상이 되었다. 위대한 하루를 만드는 30분의 작은 시작이 자존감을 회복하게 한 원동력이 되고 있다. 아무리 바쁘고 여유가 없어도 하루 중 30분은 내기 힘든 시간이 아님을 깨닫게 되었다. 독서를 우선순위로 삼는 마인드와 하루 30분의 실천이 위대한 자신을 만든다는 믿음을 가지면 결코 어렵지 않다.

일단 내 하루를 설명해보면 이렇다. 전날 밤 10시에 자서 새벽 4~5시에 기상한다. 바로 주방 한쪽 내 꿈의 공간의 조명이 켜지는 시간이다. 물을 마시고 기지개를 켜고 스트레칭을 한 후 책장에 정리되지 않은 책중에서 읽어야 할 책을 잡는다. 그 순간부터 하루 30분 이상의 몰입독서가 시작된다. 순수하게 몰입하고 치열하게 읽어나가기 위해서는 10분 정도의 준비 단계가 필요하다. 눈을 감고 마음을 차분하게 한다. 오늘도 이렇게 하루를 시작할 수 있어서 감사하다는 마음을 새긴다. 30분 이상의 몰입독서와 글쓰기를 병행하는 나는 노트북을 켜는 것으로 하루를 시작한다. 어느 정도 준비가 됐으면 이제부터는 책을 읽어나간다. 그날 상황과 허용된 시간에 따라 하루 20분을 몰입할 수도 있고, 30분, 아니면 1시간을 몰입할 수도 있다. 몰입독서를 위해서 나는 연필이나 볼펜 등과 같은 기록과 표시를 할 수 있는 필기구를 손에 쥐고 읽는다. 눈으로 읽고 그냥 넘기기보다는 펜을 잡고 빠르게 리듬을 타면서 읽어가되 마음이 가거나 중요하다고 생각하는 부분이 있으면 밑줄이나 동그라미, 별 등을 표시한다. 마음이 가는 부분은 두세 번 반복해서 읽어보기도 한다. 그리고 이런 부분은 그냥 지나치지 않고 반드시 책 귀를 접어둔다.

문득 마음이 우울하거나 지칠 때 다시 펼쳐보면 처음 읽었을 때의 울림이나 행복했던 감정들이 떠올라 다시 마음이 충전된다. 새벽 30분 몰입독서는 최소 30분 이상을 실천하는 것이 원칙이다. 이는 몰입독서의 치열한 실천 시작 과정으로, 습관이 될 때까지 지속하면 좋다. 몰입독서가 일상이 되면 앞의 준비 과정 없이도 바로 몰입하여 독서를 해도 무방하다. 현재 몰입독서가 일상화된 나는 책을 펴면 그 순간 바로 몰입이 된다. 하루 30분 몰입독서의 핵심은 하루 24시간 중 30분 독서를 실천함으로써 주체적인 삶을 살 수 있다는 것이다. 하루 30분 몰입독서는 평범한 나를 비범하게 만들어주는 듯하다.

하루 30분 이상 몰입독서를 실천하고 마무리 단계에서 하루의 계획을 세우면 30분 이상의 집중력이 쭉 이어져 그날 하루의 생산성이 높아진다. 최소 30분의 몰입독서로 시작하는 하루는 나의 잠재의식을 깨우고 잠재력을 끌어올린다. 긍정적인 자기 암시를 시작으로 책도 읽고 계획도 세웠기 때문에 충만한 기운으로 하루를 시작할 수 있다. 그저 계획을 세웠을 뿐인데, 할 일과 하고 싶은 일을 모두 이룬 것처럼 뿌듯한 느낌이 차오른다. 『출근 전 2시간』의 김태광 저자는 이렇게 말한다.

"나는 새벽시간을 활용하기 시작하면서 인생에서 빛이 보이기 시작했다. 비로소 성공이 보이기 시작한 것이다. 그래서 나는 지금 현실에 만족하지 못하는 사람은 새벽형 인간이 되어야 한다고 충고한다. 새벽형 인간생활을 시작한 지 3년 만에 첫 책을 내고, 9년 만에 중국과 대만, 태국 등에 저작권을 수출할 수 있었다. 그리고 10년 만에 초등학교 4학년 1학기 도덕 교과서에 글이 수록되었는가 하면, 2011년 경기도 교육청에서 추천하는 '청소년에게 영향력 있는 작가'에 선정되었다."

10여 년 전 아무런 존재감이 없었던 그는 새벽시간을 활용함으로써 운명을 바꾸었다고 한다. 하루를 지배하기 위해선 새벽을 지배할 수 있어야 한다고 한다. 그래야 새로운 아침, 새로운 인생을 살 수 있기 때문이다. 아침을 지배하는 사람이 하루를 지배하고, 하루를 지배하는 사람이 인생을 지배한다. 새벽 시간을 활용하는 사람의 미래는 밝을 수밖에 없다. 새벽을 지배하는 것은 시간을 지배하는 것과 같다고 한다.

이 세상에 누가 시간을 지배할 수 있을까? 나는 새벽 시간을 내 뜻대로 지배하고 하루를 내 뜻대로 계획하고 살면서 삶의 주체로 살아가고 싶다. 꾸준히 몰입독서를 실천하다 보면 삶의 주체가 되어 내가 이끄는 삶을 살고 있을 거라 확신해본다.

이탈리아의 조각가이자 건축가인 미켈란젤로는 말했다.

"작은 일이 완벽함을 만든다. 그리고 완벽함은 작은 일이 아니다."

사실 성공한 사람들이나 한 분야에서 뚜렷한 성과를 내는 사람들이 공통적으로 하는 말은 한 번에 큰일을 이루어서 스타덤에 오른 것이 아니라는 것이다. 그저 매일 이룬 작은 행동들이 누적되어 좋은 결과로 이어졌고, 돌아보니 성공이 뒤따라와 있더라는 것이다.

나에겐 새벽에 일어나서 책 읽는 시간이 제일 행복하고 충만한 시간이 되었다. 나에게 지혜와 깨달음의 명석한 말로 나에게 날마다 새 힘을 준다. 세상 무엇과도 바꿀 수 없는 기쁨과 희열이 채워진다. 비록 짧은 시간 쪼개며 하는 틈새독서지만 독서에 몰입되는 순간은 그 어떤 걱정도, 우울감도 불안도 엄습하지 못한다. 몰입독서의 재미를 체득한 순간부터 옛날의 우울감에서 빠져나올 수 있었다. 저녁잠이 들 때면 오롯이 나를 위해 몰입할 수 있는 새벽 시간에 대한 설렘으로 잠을 청한다.

03

새벽 글쓰기,
상처가 치유되다

아무도 깨지 않은 조용한 새벽 시간, 동이 트지 않은 시간…. 나는 이 시간만큼은 직장인, 엄마, 아내가 아닌 오롯이 작가가 된다. 내 삶의 전체적인 그림에 작가의 삶은 없었다. 그런데 지금 작가가 되어 이렇게 지면에 글을 써 내려가고 있다. 그리고 블로그와 브런치라는 플랫폼에도 글의 흔적을 남기고 있다. 이 고귀하고 영롱한 새벽 시간만큼은 진정한 나를 만나는 유일한 시간이자 온전한 작가가 되는 시간이다. 이 시간 주방 한쪽 스탠드 불빛에 의지해 모니터에 글을 남기고 있다. 블로그와 브런치는 나의 많은 것을 담고 있는 꿈노트이자 연습장이다. 공감 가는 글로 소통하며 '찐 이웃'이 되기도 한다. 서로 위로와 격려를 주고받는 가운데 삶의 큰 활력소는 물론 과거의 상처로 인한 아픔이 보상받는 기분이 든다. 불과 몇 달 전만 해도 아이들과 뒤엉켜 꿈나라에 푹 빠져 있을 시간이다. 하지만 이제는 알람이 울리지 않아도 저절로 눈이 떠진다. 새벽 기상과 독서, 글쓰기가 이제 몸에 형성된 습관으로 자리가 잡혔다. 어떤 터치도 받지 않는 이 시간, 집중하며 글을 써내려갈 땐 내면의 생각이 글로 풀어지면서 카타르시스를 느낀다. 머릿속에 복잡하게 엉켜 있던 생각의 실타래가 술술 풀리는 듯하다. 수많은 책을 집필하고 출간한 작가들이 그동안 이렇게 생각을 토해내며 글을 썼겠구나 생각하니 존경심이 들기도 한다. 왜 이런 기쁨을 이제 알았을까 하는 아쉬움이 밀려오기도 한다. 이젠 이 충만함을 알았으니 꾸준히 유지해볼 생각이다.

새벽은 나의 상처가 아물고 치유되는 시간이다. 지난 과거의 마음속 응어리와 돌덩이였던 무거움들을 글로 토해내듯 써내려간다. 마음이 한결 가벼워짐을 느낄 수 있다. 나는 그동안의 삶을 살면서 행복했던 시간은 그리 많지 않았다. 내 삶에 진정 행복한 나는 없었다. 나의 유년 시절을 지나 청소년기는 우울과 암울 그 자체였다. 아픔의 연속이었고, 절망의 연속이었고, 지독한 가난의 연속이었다. 유년 시절 술로 사신 아버지는 가장의 역할을 충실히 수행하지 못하셨다. 아니, 안 하셨다. 술로 직장을 제대로 다니신 적이 없으셨다. 그래서 가장의 총대를 엄마가 메야 했다. 술은 늘 가정불화의 불씨가 되어 부부싸움이 멈추질 않았다. 자식들은 아버지의 그런 모습 때문에 늘 무서움에 떨어야 했다. 아버지는 술만 드시면 잠을 안 주무셨다. 술로 밤을 지새우셨다. 산동네 단칸방에 살았던 우리는 아버지의 술주정과 그런 모습을 온전히 지켜보며 감내해야 했다. 아버지의 술주정 때문에 집주인에게 쫓기듯 이사를 다녀야 했다. 술로 사신 아버지는 알콜 중독으로 이어졌고, 이로 인해 병원에 몇 번 입원과 퇴원을 반복하시다가 결국 배에 복수가 차고 간이 딱딱해지는 간경화라는 병으로 돌아가셨다. 50대 초 이른 나이에 세상을 떠나셨다. 그날은 5월 8일 어버이날이었다. 잊을 수 없는 기일이다. 그때 엄마는 겨우 40대 중반, 난 중학교 1학년이었다. 동생은 초등학교 5학년이었다. 엄마는 더 힘들게 일하셔야 했다. 요즘 말로 투잡 아니 쓰리잡도 하셨다. 자식들을 먹여 살려야 했기에 닥치는 대로 일을 하셨다. 엄마의 삶은 없었다. 우리 형제들은 엄마의 사랑이 늘 고팠다. 아침에 눈 뜨면 엄마가 보이지 않았다. 밤 10시가 넘으셔서 들어오셨다. 그리고 잠을 푹 주무시지 못한 채 또 새벽 5시쯤 일터로 향하셨다.

넉넉하지 않은 가난한 형편 때문에 뭐 하나 사달란 말도, 학원을 보내달란 말도, 같이 놀러가자는 말도 할 수가 없었다. 아니 이런 이야기는 나에겐 딴 세상 이야기, 사치처럼 느껴졌다. 그래서 나는 자신감이 결여된 채 수동적인 학교생활을 해야 했다. 행복한 가정의 아이들과 비교의식이 심했다. 열등감에 사로잡혀 하루하루를 보냈다. 이런 비교의식과 열등의식은 고등학교 때 절정에 달했다. 비교의식과 열등의식에서 벗어나고파 나는 늘 공부를 열심히 했다. 초등학교 때부터 중학교 때까지 우수상을 한 번도 놓쳐본 적이 없다. 중학교 땐 반에서 1등도 종종 해보았다. 하지만 고등학교 대학시험이 수능으로 바뀌며 성적은 곤두박질쳤다. 받아들일 수 없었다. 나의 열등감의 유일한 방어기제는 공부를 잘해서 칭찬받는 것이었는데 그 기제가 사라지니 버티기 힘들었다. 어느 날 학교를 등교하던 날 택시가 내 앞으로 달려오고 있었다. 순간 스치는 생각은 '저 달려오는 택시에 내가 뛰어들면 죽을 수 있을까?'였다. 이런 생각이 며칠 동안 머리에서 떠나지 않아 힘들었다. 다행일까? 차에 뛰어들 용기가 나지 않아 행동으로 실행하지 못했다. 그만큼 나는 학교생활에 대한 의욕도, 어떤 즐거움도 찾지 못했다. 불우한 집안, 노력하는데 오르지 않는 성적, 외모와 우유부단한 성격 어느 것 하나 맘에 드는 구석이 없었다. 난 그렇게 나 스스로를 못난 아이, 불쌍한 아이로 미워하고 증오했다. 그래서 늘 어깨는 움츠려 있었고 매사에 자신감 없이 지시하는 대로 능동적이지 못한 삶을 살았다. 다행히 꽃다운 청년기엔 마음이 따뜻하고 자상한 남편을 만나 연애를 하면서 그 아픔을 잊을 수 있었다. 긴 연애 기간에는 행복했다. 나만 바라봐주고 나를 아껴주는 남편이 너무 고마웠다. 그런데 때로 다툴 때는 더 사랑을 갈구하고 내면의 아픔과 상처들이 불쑥 나타났다. 깊은 내면의 상처들을 여과 없이 드러내보이기도 했다. 남편이 상처를 많이 받았을 것이다. 그런데도 그 나의 못난 모습을 다 받아주고 이해해주었다. 신혼 초엔 홀시아버지를 잠깐 모시면서 갈등이 최고조에 달했다. 예민한 딸아이로 인해 심한 우울증에 시달렸고, 남편의 사업으로 인해 가정경제가 흔들리며 어린아이 둘을 놔두고 워킹맘으로 살았다.

황금 같은 새벽 시간, 요즘 외면했던 나에게 나를 돌아보는 글쓰기를 하고 있다. 책에서 내 곁에 힘이 되는 말을 찾아보고 있고 나에게 위로하는 편지도 써보았다. 내면에 깊숙이 자리잡았던 상처들도 가감 없이 드러내보였다. 독서와 글을 쓰며 조금씩 변화되는 내 모습도 발견하면서 또 다른 꿈을 갈망하는 나를 찾을 수 있었다. 나를 자세히 바라보는 시간을 가졌다. 나의 습관과 내 인생에 도움을 주었던 책, 내가 가장 좋아하는 것은 무엇인지 찾는 시간도 가졌다. 시험에 떨어지고 나를 위로해주었던 노래 가사도 다시 상기해보고 내가 의미 있게 생각하는 장소도 물색해보았다. 또한 타인에게 나는 어떤 사람으로 비쳐질까? 관계로 힘들었던 기억, 사랑하는 가족, 인연들에 대해 사색하는 시간도 가져보았다. 되새겨보며 글을 쓰는 과정을 통해 그때의 아픈 기억들이 떠올라 눈시울이 붉어지고 눈물이 핑 돌았다. 때론 가슴이 저려왔다. 하지만 글로 내 마음을 다 토해냈을 때의 그 홀가분함과 상쾌함, 시원함, 통쾌함은 뭐라 설명이 안 된다.

그렇다. 나는 새벽 독서와 글쓰기를 통해 상처가 조금씩 아물어가고 있다. 치유가 되어가고 있다. 계속 글을 담아내면서 아물지 않은 상처들이 딱지가 생겨 떨어질 때까지 나는 새벽 독서와 글쓰기를 멈추지 않을 것이다. 더 확보해서 자유를 만끽할 것이다.

장문의 글이 아니어도 좋다. 블로그에 일기처럼 하루의 일상을 남겨도 되고 사진을 올리며 자신의 생각을 정리해서 써보는 것도 좋다. 감사 일기를 써도 좋다. 책 쓰기의 시작은 일상 속에서 작게 실천해온 글쓰기가 바탕이 된다. 지금 나도 블로그에 적어 두었던 내용들을 바탕으로 이 책의 내용을 채워가고 있는 중이다. 감사 일기를 잘 실천하고 세상을 이끌어가는 한 여성이 있다. 바로 '토크쇼의 여왕, 미국 최고의 커리어 우먼, 베스트셀러 작가' 오프라 윈프리다. 오프라 윈프리는 웨슬리대학 졸업식 축사에서 이렇게 말했다.

"매사에 감사하라. 고마운 일들에 대한 매일의 일지를 만들어라. 그것이 인생에서 어디에 초점을 두어야 할지를 알려줄 것이다."

그녀는 감사 일기를 통해 인생을 보는 새로운 관점을 얻었다. 오프라 윈프리는 책을 많이 읽고, 감사 일기를 쓰며 새로운 인생을 살았다. 지금부터라도 하루 10분이라도 독서와 함께 하루에 단 몇 줄이라도 짤막한 글을 적어보는 건 어떨까? 감사 일기라면 실천하기 부담스럽지 않고 인생을 새롭게 보는 시각까지 얻을 수 있다. 특히 나처럼 과거의 슬픔과 열등의식 아픔들로 가득 차 있다면 더욱이 글쓰기와 독서를 병행하며 자유로워지길 바란다. 아물지 않은 상처가 있는가? 독서와 글쓰기로 그 아픈 과거의 상처들과 서서히 결별하길 진심으로 바란다.

04

새벽 독서,
인정 욕구를 채워주다

나는 직장인이자 두 아이 엄마이다. 그리고 지금 원고를 집필 중이다. 워킹맘으로 살아내기 위해서는 24시간을 48시간처럼 살아내야 한다. 아니 그렇게 살고 있다. 1분 1초가 소중하기 때문에 새벽에 4~5시 사이에 일어나 독서를 실천한다. 글을 쓰기도 한다. 독서를 하거나 글을 쓰다 보면 2~3시간이 순식간에 지나간다. 남편이 얘기한다. 새벽에 독서하고 글쓰는 나를 보고 "왜 그렇게 힘들게 살아?" 하며 애잔한 눈빛을 보낸다. 잠 푹 자고 운동하며 나의 취미생활을 즐기라고 한다. 지금도 충분히 행복하니 그냥 대충 살라고 조언 아닌 조언을 한다. 순간 나도 '내가 왜 힘들게 살고 있지?'라는 생각에 의문을 품고 잠시 멈칫한다.

하지만 나는 새벽 독서하고 글쓰는 일이 그리 힘들지 않다. 왜일까? 나를 잠식하고 있는 열등감과 비교의식의 탈출구가 되어주고 있기 때문이다. 그리고 오롯이 나에게 집중할 수 있는 소중함을 안겨주는 시간이기도 하다.

누구나 마찬가지겠지만 난 인정 욕구와 성취 욕구가 유독 강하다. 승부욕도 강하다. 지는 것이 싫었다. 아버지의 부재와 엄마의 처절하게 고군분투하는 삶 속에서 엄마께 효도하는 일은 공부를 잘하는 것이라고 생각했다. 삶의 낙이 없으신, 고생하시는 엄마께 공부라도 잘해서 자랑거리가 되고픈 마음이 너무 컸다. 어릴 때부터 누군가로부터 인정을 받으면 그렇게 행복할 수가 없었다. 인정과 칭찬만이 그 우울했던 유년, 청소년 시절을 견뎌낼 수 있는 유일한 끈이자 동아줄이었다.

유아임용고시를 공부하며 매슬로우의 욕구 5단계에 대해서 알게 되었다. 인간의 행동을 일으키는 근본적인 동기, 즉 인간행동의 근본적인 욕구를 체계적으로 분류한 이론은 흥미로웠다. 매슬로우의 욕구 1단계는 생리적 욕구로서 인간생활에 가장 기본이 되는 의식주에 관한 욕구를 말한다. 예를 들면 배고픔, 갈증, 호흡, 체온 조절, 수면, 배설, 성욕 등이 있다. 2단계는 안전의 욕구이다. 안전, 보호, 공포와 혼란 및 불안에서의 해방으로, 외부 환경으로부터 보호받고 장래에 대한 보장을 원하는 욕구이다. 3단계는 소속과 애정의 욕구이다. 사람들과 친하게 지내고 원하는 집단에 귀속되어 귀속감을 느끼고 싶어 하는 욕구이다. 4단계는 존경의 욕구이다. 이는 인간은 어딘가에 속하려는 욕구가 어느 정도 만족하면 그 집단의 단순한 구성원 이상의 존재가 되기를 원한다. 내가 강조하고자 하는 마지막 단계는 바로 자아실현의 욕구이다. 이는 한 인간이 자기 발전을 위해 자신의 잠재력을 극대화하려는 욕구로, 자기완성에 대한 갈망을 말한다. 이 매슬로우의 욕구 5단계는 순차적으로 추구된다. 1단계가 만족되면 2단계가 달성되면 3단계를 원하는 식으로 말이다. 낮은 단계의 욕구들이 충분히 충족되어야 고차원적인 욕구를 생각할 수 있다.

CBS의 〈세상을 바꾸는 시간, 15분〉 강연으로 유명한 지식 생태학자 유영만 교수는 저서 『니체는 나체다』에서 '나력'에 대해 말한다. 유영만 상무나 전무도 조직에 있을 때나 유영만 상무나 전무다. 조직의 보호우산을 벗어나면 유영만 상무나 전무는 그저 이름 석 자인 유영만일 뿐이다. 이름 석 자로 버틸 수 있는 힘, 이름 석 자로 드러낼 수 있는 나의 경쟁력이 바로 '나력'이다. 내 인생을 나로서 살지 않고 누군가를 위해서 또는 마지못해서 하기 싫은 일을 억지로 하면서 사는 인생은 소중한 시간을 낭비하는 인생이라고 조언한다. 하루하루가 즐겁고 신나기보다 지루하고 짜증이 난다면 문제가 있어도 심각한 문제가 있는 것이라고 말한다. 우리는 매사를 즐겁게 받아들이고 매순간을 마지막 순간인 것처럼 생각하면서 살아도 시간이 모자라는데 걱정하고 고민하면서 황금 같은 시간을 낭비한다면 정말 안타까운 일이라는 사실을 인지하게 되었다.

내 인생의 주인공은 '나'이고 싶다. 다른 이들은 제삼자다. 다른 사람이 내 인생을 대신 살아주지 않는다. 내 인생의 주도권은 내가 가져야 하며 동반된 책임 또한 나의 몫이다. 다른 사람들의 시선을 의식하고 남의 말에 귀 기울이며 '나다움'을 잃어선 안 된다. '나다움'을 잃은 삶은 불행하다. 끌어가는 삶이 아니라 끌려가는 삶이 되기 때문이다.

아이러니하게도 나는 그동안 끌려가는 삶을 살았다. 불혹이 되고서야 아주 절실하게 느끼고 있다. 유아교육학과를 나와 40대 위치가 되면 보통 주임교사를 넘어 원감의 자리에 위치할 나이이다. 16년 경력이 무색할 정도이다. 사립유치원에서 근무할 때도 원장님께서 주임교사를 권했다. 나의 성실함과 책임감을 보고 권한 것이었다. 하지만 나는 정중히 거절했다. 나 스스로 주임교사로서의 자질과 업무 능력이 부족하다고 단정하고 회피했다. 주임교사로서 저경력 교사들을 이끌어갈 능력이 부족하다고 생각했기 때문이다. 나는 자신감이 부족한 사람, 실무 능력이 떨어지는 사람, 고경력 교사로서 요구되는 능력이 현저히 떨어진다고 치부해 버렸다. 매사에 자신감이 현저히 떨어져 있었다. 교사 회의를 할 때도 내 의견과 달라도 피력할 생각을 하지 않았다. 하지만 지금은 생각이 달라졌다. 내 목소리를 조금씩 내려 한다. 더 이상 예전의 내가 아니다.

영국 웨스트민스터 사원 영국 성공회 주교의 묘비에는 작자 미상의 이런 글이 적혀 있다.

"내가 젊고 아름다워서 상상력의 한계가 없었을 때 나는 세상을 변화시키겠다는 꿈을 가졌다. 그러나 좀 더 나이가 들고 지혜를 얻었을 때 나는 세상이 변하지 않으리라는 것을 알았다. 그래서 나는 시야를 약간 좁혀서 내가 살고 있는 나라를 변화시키겠다고 결심했다. 그러나 그것 역시 불가능한 일이었다. 황혼의 나이가 되었을 때, 나는 마지막 시도로 나와 가장 가까운 가족을 변화시키겠다고 마음을 정했다. 그러나 아무것도 달라지지 않았다. 이제 죽음을 맞이하기 위해 자리에 누운 나는 문득 깨닫는다. 만약 내가 나 자신을 먼저 변화시켰더라면 그것을 보고 가족이 변화되었을 것을, 또한 그것에 용기를 내어 내 나라를 더 좋은 곳으로 바꿀 수 있었을 것을, 그리고 누가 아는가, 마침내 세상까지 변화되었을 것을…."

자신을 알아가는 것의 시작 선상에서 책은 매우 중요한 역할을 한다. 책은 참된 자신을 비로소 깨닫게 해주는 또 하나의 큰 세상이다. 내 인정 욕구와 성취 욕구를 채워주는 진정한 지침서는 바로 책임을 깨닫는다. 책은 내 인생을 주도하고 결정하고 책임지는 데 필요한 길잡이가 된다. 앞으로 내 삶에 이정표가 되어주는 책의 끈을 나는 절대 놓치지 않으려 한다.

05

새벽 독서, 변화의
씨앗을 심는 시간이다

하루하루 직장과 집안일에 치여 무의미하게, 무기력하게 지냈다. 육아를 하다 보면 내가 사라진 기분이 들었다. 뭐든지 아이를 중심으로 생각하게 되는 데다 직장에 출근하다 보니 나 자신을 챙길 시간 따윈 없었다. 언제부턴가 나를 챙기는 일은 순위에서 밀려났다. 비록 낮은 굽이었지만 예쁜 구두를 너무나 좋아했던 나는 어느덧 운동화밖에 신지 않는다. 왜냐하면 자동차가 없는 뚜벅이인 나는 매일 종종걸음 또는 뛰면서 출근을 해야 하기 때문이다. 코로나로 아이들이 등교하지 않고 하루 종일 집에 있다. 아이들 아침은 물론 점심준비까지 해놓아야 한다. 아침을 대충 차려 먹고 점심 메뉴까지 준비하다 보면 어느덧 출근시간이다. 늘 시간에 쫓기다 보니 매일 뛰면서 출근을 한다. 유치원 교사임에도 불구하고 매일 청바지나 면바지를 입는다. 남편은 화장 좀 예쁘게 하라고 한다. 남들에 대한 예의라고 지적한다. 그래, 나도 곱게 화장하고 출근하고 싶다. 하지만 어떤 날은 스킨 로션 바르는 것도 잊어버리고 출근할 때가 있다. 점점 초췌해지고 옷은커녕 화장기 없는 얼굴로 거울을 마주할 때면 직장인이 맞나 싶을 때가 많다. 내 자신이 너무 싫어진다. 원피스를 참 좋아했다. 결혼 전에는 출근할 때 원피스만 입었다. 지금은 원피스는커녕 바지뿐이다. 삶의 활력을 찾고 싶었는데 도저히 그런 에너지가 생기지 않았다. 정말 행복한 삶을 영위하고 싶어 고군분투하며 노력했지만 결과는 늘 나를 회피하는 것 같았다. 그야말로 남편과 아이들한테 모난 감정을 그대로 표출하며 내 생애 최고의 못난 모습을 거침없이 드러냈다. 그냥 어린아이였다. 내 삶의 모든 것에 투덜이처럼 짜증을 냈다. 내면에 악마라도 들어온 것처럼 괴물처럼 소리를 지르기도 했다. 어느 날은 남편 앞에서 소리를 질렀다.

"왜 나만 이렇게 바쁘게 살아야 해? 내가 당신과 애들 밥해주는 사람이야? 빨래해주는 사람이야?"

　억울하다고 분하다고 막 소리지르기도 했다. 나 혼자만의 시간이 간절히 필요했다. 그래서 내 시간을 확보하기 위해 노력했다. 나만의 시간이 절실했던 나는 새벽 4시 반에 일어나 독서를 하고 나만의 시간을 갖기 시작했다. 평화롭게 나와 마주할 수 있었다. 새벽 독서로 오롯한 나만의 시간을 확보하면서 내면의 불만과 짜증이 사그라지기 시작했다. 핸드폰 배터리가 급속 충전이 되어가듯 내 몸도 충전이 되고 있었다. 부정적 기운이 긍정적 기운으로 차츰 탈바꿈되어갔다. 신기했다. 내가 그동안 하루를 직장과 집을 오가는 전투적인 삶으로 인해 나를 돌아볼 시간이 절대적으로 부족했던 것이었다. 새벽 4시 반쯤 일어나 출근 전까지 2~3시간을 온전한 내 시간으로 확보하면서 평온함과 온기가 채워졌다.

　결혼 후 일하면서 시댁, 친정 도움 없이 육아와 살림을 주도적으로 맡아서 해야 하는 억울함이 제일 컸다. 그리고 워킹맘 위기의 삶을 만들어준 남편에 대한 미움, 홀시아버지께 월세를 매달 드려야 한다는 억울함, 매월 카드대금, 집 대출금을 상환해나가야 한다는 돈의 허덕임, 정리되지 않은 감정들 때문에 너무 힘들었다. 그런데 새벽 독서를 시작하면서 무엇보다 마음의 안정을 찾았다. 억울함이 이해로 바뀌기 시작했다. 남편도 애쓰고 있는데 나만 힘들다고 징징댔다. 결혼 전 상황도 힘들었는데, 결혼해서까지 이렇게 살아가야 하는 나의 처지가 너무 가엾게 느껴졌기 때문이다. 나의 시간을 챙김으로써 마음의 여유가 생기니 불평했던 사건들을 바라보는 시각과 관점이 달라졌다. 매달 대출금 상환으로 아껴 써야 한다는 강박관념으로 힘들었다. 『더 해빙』 책을 접하고 나서는 경제에 대한 관념이 180도 바뀌었다. 그 강박관념에서 내려오게 되었다.

"진짜 부자는 오늘을 살죠. 매일 그날의 기쁨에 충실하니까요. 가짜 부자는 내일만 살아요. 오늘은 내일을 위해 희생해야 할 또 다른 하루일뿐이죠. Having 신호등을 이용해보세요."

초록불을 느끼면 그대로 돈을 쓰고 빨간불을 발견하면 행동을 멈추라고 한다. 빨간불이란 긴장과 불편함, 불안과 걱정이고, 초록불은 자연스러움과 편안함이라고 조언한다. 나도 이 저자의 말대로 실생활에 적용시켜보았다. 우선 내가 돈을 소비할 수 있는 능력이 있으니 감사함이 느껴졌다. 그리고 내가 돈을 위해 사는 것이 아니라 돈이 나를 위해 쓰이게 하라는 말이 의미 있게 다가왔다. 부에 대한 가치와 마인드에 변화가 생기면서 돈에 대한 편견과 고정 관념에서 자유로워졌다. 해결력과 통찰력을 얻게 되었다.

어느 날 새벽, 우연히 헬렌 켈러의 자서전을 읽고 매 순간 살아 있다는 게 어떤 것인지 깊이 생각해보는 시간을 가졌다. 시각과 청각을 모두 잃은 헬렌 켈러의 유년 시절은 고통과 어둠이 전부였을 거라고 생각했는데 전혀 그렇지 않았다. 그녀의 삶은 눈부신 감각들로 가득 차 있었다. 목화 솜의 부드러움, 조랑말의 매운 입김, 장미꽃을 손에 지그시 누를 때의 감촉, 무겁게 내린 이슬, 잘 익은 사과를 만질 때의 느낌, 한 화분에서 자라도 크기가 각각 다른 꽃봉오리, 어린 꽃들의 얼굴, 손 위에서 체리를 먹는 카나리아…. 그녀는 냄새를 맡고 만져보는 모든 것에서 의미를 느꼈고, 만나는 모든 것에서 아름다움을 찾기를 게을리하지 않았다. 헬렌 켈러는 말한다.

"나는 단 한 번도 정지된 적이 없으며 내 삶은 움직임으로 가득했다. 하루를 사는 곤충의 바쁜 움직임처럼 살아 있었다."

나는 인지했다. 삶의 순간들과 삶의 조각들이 매 순간이 감사이고 축복임을 알게 되었다. 그동안 너무 나약했다. 과거의 나는 평범한 시간을 의미 없는 것으로 간주하고 평가한 탓에 오랫동안 불만족스럽고 불안한 시간을 보냈다. 그 시간 속에 살아 있지 못했던 것이다. 아들과 현관 앞에서 육탄전을 벌였다. 나는 시험공부에 대한 불만족을 아이들한테 풀었다. 시험공부를 하는데 아이들의 게임 소리, 노는 소리, 모든 것이 걸림돌처럼 느껴졌다. 급기야 아이들에게 소리를 질렀다. 돌아오는 건 아이의 반항이었다. 아이들이 묻는 질문에도 곱게 말이 나갈 리 만무했다. 아들도 점점 반항과 짜증이 심해졌다. 급기야 나는 아들과 소리를 지르며 몸싸움을 했다. 집을 나가라는 엄마와 안 나가겠다는 아들이 몸싸움을 한 것이다. 아들과의 관계가 최악의 순간이었다. 일촉즉발의 전쟁터였다. 기진맥진했다. 아들과 싸운 후 이 분노를 삭이기 위해 어디라도 뛰쳐나가야 했다. 도서관에 갔다. 들어서자마자 내 눈에 들어온 책이 있었다. 『엄마도 위로가 필요해』, 『감정코칭』 책이 필연적으로 눈에 띄었다. 이 도서는 사춘기 아이와 엄마의 극복 과정을 담았다. 책을 보니 아들의 행동이 이해가 되고 문제 제공의 원인은 바로 나였음을 인지하게 되었다. 그래서 조금씩 아이의 마음을 공감하고 수용하려고 노력했다. 그 결과 지금은 관계가 정반대로 바뀌었다. 긍정적 관계로 개선되었다. 아침에 일어나면 볼 뽀뽀를 하고 안아주는 것으로 시작한다. 상상할 수 없는 일이었다. 책을 통해 얻은 혜안과 지혜를 실천하고 조금씩 마음의 문을 열고 변화되니 아들에게도 변화가 찾아온 것이다. 감사했다.

  진정 삶의 방향을 바꾸고 변화의 씨앗을 심기 원한다면, 지금 바로 책 읽기를 시작했으면 한다. 어떤 책이든 좋다. 내 마음에 끌리는 책을 보면 된다. 나는 몇 년 동안 아들과 관계가 최악이었지만 지금은 정반대로 변화되었다. 당신은 지금 나보다 더 좋은 조건에 놓여 있다. 더 뛰어난 능력을 가지고 있다. 이제 실행으로 옮기면 된다. 변화의 씨앗이 심어졌다. 당신의 가슴에 심어져 피어날 일만 남았다.

06

성공한 사람들은
새벽형 인간이었다

책을 읽으면서 깨달았다. 성공한 사람들은 새벽형 인간이었다. 『김미경의 리부트』, 『언니의 독설』, 『꿈이 있는 아내는 늙지 않는다』로 유명한 강연가인 김미경 강사도 새벽 4시 반에 항상 기상하는 새벽형 인간이다. 풀리지 않은 문제로 고민 많은 분들은 새벽 4시 반 기상을 강추한다. 새벽 4시 반은 강력한 염원의 시간이 되었다고 한다.

우연히 나를 찾아온 기회가 내 꿈의 씨앗이 되려면, 나에게 찾아온 운,

기회를 낚아채는 능력으로 발전시켜야 한다고 조언한다.

게으른 사람은 찾아온 기회를 놓치기 쉽다. 작은 경험으로 실행 능력을 쌓아야 나를 찾아온 기회를 알아볼 수 있다. 꿈을 이루려면 새벽 4시 30분에 매일 기상해야 한다. 어쩌면 그동안 난 내게 찾아온 운을 내 발로 걷어차버렸는지도 모른다. 결혼생활이 힘들다고, 경제적으로 힘들다고, 아이 때문에 우울하다고 불만, 불평들로 가득했다. 그동안 안일하고 게을렀다. 아이들 밥만 차려주고 의미 없는 드라마만 연속해서 돌려봤다. 인간관계에 집착하며 수다 떨며 다른 곳에서 해방감을 찾으려 했다. 기회를 찾으려고 노력하기는커녕, 내게 온 기회도 잡지 못했다. 결핍을 진정한 꿈의 재료로 적절하게 사용하지 못하고 버리고 말았다. 그래서 나는 작년부터 지금까지 계속해서 4시 30분에 기상하려고 노력한다. 적어도 5시 전에는 일어난다. 새벽이 주는 힘은 실로 위대하다고 앞에서 언급한 바 있다. 절망의 늪에서 허우적거렸던 나인데 삶의 희망을 찾았다. 저 지하로 추락했던 자존감이 서서히 고개를 들었다. 외면했던 나를 돌아보고 안아주게 되었다. 삶을 바라보는 시각도 달라졌다. 실패한 삶이라고 여겼던 나인데 새로운 꿈을 마음에 품게 되었다. 새벽 독서가 인생의 터닝 포인트가 되었다.

『나의 하루는 4시 30분에 시작한다』의 저자 김유진 변호사의 말이다.

"꿈을 이루는 데 이르거나 늦은 때는 없다. 모두 동일하게, 같은 시기에 목표를 달성할 타이밍이 주어지지 않았기 때문이다. 누군가에게는 다음 주에 문이 열리는가 하면 누군가에게는 몇 년 뒤에야 문이 열린다. 살다 보면 때로 계획이 바뀌어 방향을 틀어야 할 순간이 온다. 그래도 당황할 필요는 없다. 새로운 인생이 그때부터 시작되는 것이니까."

김유진 변호사는 변호사시험 합격은 물론 수많은 목표를 달성하고, 끊임없이 도전했다. 변호사시험 합격의 비밀은 남들보다 조금 빠르게 하루를 시작하는 것이었다. 새벽 기상으로 얻은 시간을 '내가 주도하는 시간'이라고 표현한다. 이 시간만큼은 약속, 업무 등 예상치 못한 일로 방해받지 않고 온전히 내 의지대로 사용할 수 있기 때문이다. 새벽 기상을 통해 힘든 유학생활을 견뎌내고 미국 2개 주 변호사시험에 합격한 것은 물론 다양한 도전을 통해 인생을 더욱 풍성하게 꾸려가고 있다.

임용시험을 준비하는 동안 나는 김유진 변호사와 시간을 너무 대조적으로 사용했다. 새벽 시간을 활용하기보다는 퇴근 후 아이들 끼니를 챙기고 밀린 집안 살림을 정리하고 밤 10시부터 새벽 2시까지 인터넷 강의를 듣고 시험 범위인 전공 서적을 펼쳤다. 상상해봐도 내가 어떠했을지 짐작이 갈 것이다. 독자의 생각이 맞다. 피곤한 몸으로 책을 펼치니 잠이 그야말로 쏟아졌다. 잠을 쫓기 위해 세수도 해보고 스트레칭도 해보고 허벅지도 주먹으로 때려가면서 공부에 집중하려 했다. 하지만 역부족이었다. 인터넷 강의를 듣다 집중은 물론 안 되고 꾸벅꾸벅 졸기는 기본이고, 필기하다 글씨가 엇나가는 건 다반사였다.

둘째 딸아이는 엄마와 같이 자려고 나를 기다렸다. 하지만 나는 딸아이를 귀찮아하듯 먼저 자라고 다그쳤다. 딸은 시무룩한 표정으로 기다리다 이내 잠이 들었다. 밤 10시, 그 시간에 집중해서 공부도 제대로 되지 않았다. 나는 그야말로 하는 척을 했다. 내 꿈을 위해 애쓰는 척했다. 아이들에게 상처를 주면서 말이다. 공부를 하다 아이들이 잘 자고 있나 확인할 때 엄마를 기다리다 인형을 꼭 껴안고 자고 있는 모습을 보면 미안함에 애잔함에 코끝이 찡해졌다.

'내가 무슨 부귀영화를 누리겠다고 이 짓을 하고 있나?'
'내 꿈을 쫓는다고 우리 아이의 소중한 시간을 놓치고 있지는 않은가?'

미안함과 자책감이 한꺼번에 몰려왔다. 『익숙한 것과의 결별』의 저자인 구본형 소장은 새벽 4시에 일어나 집필한 덕분에 책을 출간할 수 있었다고 한다. 이 책은 출간되자마자 베스트셀러가 되었다고 한다. 퇴직하기 3년 전 만들어낸 결과물이었다.

새벽 시간, 새벽 독서의 효율성을 다양한 분야의 책들을 접하면서 깨닫게 되었다. 실제로 새벽에는 깨어 있는 사람이 없으니 카카오톡이 울리지 않는다. 새벽에는 볼수록 재미있는 막장 드라마도, 개그 프로도 방영하지 않는다. 또 새벽에 나오라는 사람이 있을 리 만무하고 SNS도 새벽에는 잠시 소강상태다. 새벽의 고요하고 정적인 분위기는 어떤 일이든 몰입하기 딱 좋다. 그러니 새벽은 독서하기에 가장 좋은 황금시간이다. 새벽에 하는 몰입독서는 많은 것을 신경 써야 하는 낮 동안의 3시간 독서 효과를 능가한다고 한다.

미국의 과학자 윌리스 휘트니가 한 말이다.

"사람들은 원하는 일을 할 수 없는 수천 가지의 이유를 찾지만, 정작 그들에겐 그 일을 할 수 있는 딱 한 가지 이유만 있으면 된다."

이 말대로 한 가지 확실한 이유만 찾는다면 우리는 무슨 일이 있어도 어려운 새벽 기상을 할 수 있다. 지금의 상황을 변화시키고 싶은 간절한 이유로 아무도 방해하지 않는 새벽 기상을 한다. 나는 늘 에너지가 고갈되어 찌들어 있는 삶이었다. 이건 내가 원하는 삶이 아니라고 매일 가슴속에서 감정들이 요동쳤다. 잠재워지지가 않았다. 이 우울하고 미래가 없는 삶에서 순간순간 도망치고 싶었다. 벗어나고 싶었다. 하지만 이제는 변화되었다. 감정에 휘둘리지 않는다. 부정적 기운이 엄습해올 때면 책을 더 몰입해서 본다. 그러면 요동치고 불안했던 감정들이 거짓말처럼 잠잠해진다.

왜 새벽형 인간들이 성공했는지 그 요인을 찾을 수 있었다. 강력한 염원을 가지고 의지가 확고하며 새벽 시간을 활용해 다른 사람이 자는 동안에 그 꿈을 위해 치열하게 노력했기 때문이다. 새벽형 인간들의 발자취를 따라가려 한다. 새벽의 매력을 알게 된 이상 새벽형 인간을 고수할 것이다. 이 글을 집필하고 있는 시각이 4시 40분이다. 새벽형 인간이 되어 내 꿈에 한 발짝 한 발짝 다가가고 있는 중이다.

새벽 독서, 회복탄력성의
현인을 만나다

전안나 작가의 『1천 권 독서법』에 소개되었던 책 목록 중 『회복탄력성』이란 책의 제목에 시선이 확 이끌렸다. 책 내용이 궁금해서 그다음 날 서점에 가서 바로 책을 구입했다.

회복탄력성이란 말 그대로 자신에게 닥치는 온갖 역경과 어려움을 오히려 도약의 발판으로 삼는 힘이란 뜻이었다. 책의 내용을 빌리자면 '성공은 어려움이나 실패가 없는 상태가 아니라 역경과 시련을 극복해낸 상태'라고 말한다. 이 말이 큰 위안이 되었다.

떨어져본 사람만이 어디로 올라가야 하는지 그 방향을 알고, 추락해본 사람만이 다시 튀어 올라가야 할 필요성을 절감한다고 한다. 바닥을 쳐본 사람만이 더욱 높게 날아오를 힘을 갖게 된다는 내용이었다.

시련을 행운으로 바꾼 회복탄력성을 증명하는 사람들이 책에 소개되어 있었다. 28세의 우정훈 씨는 비보이계의 고참으로 최고의 스트리트 댄서였다. 9년 열애 끝에 결혼에 골인하여 행복한 신혼 생활을 시작한 그는 어느 날 불의의 교통사고를 당해 하반신 마비 장애인이 되었다. 결혼한 지 8개월밖에 안 된 시점이었다. 그러나 그에게는 이 커다란 시련을 담담하게 받아들이고 남편을 향해 환히 웃으면 따뜻하게 보살펴주는 아내 김성희 씨가 있었다. 사고를 당한 지 1년도 채 안 되어 일상으로 복귀했다. 휠체어를 타고 랩을 하며 무대에 오르고, 비보이 전문 사회자와 방송인으로 활약하며, 대학에서 강의도 시작했다.

나는 이 내용에서 실로 놀랐다. 내가 이 상황에 처했다면 과연 이렇게 극복할 수 있을까? 곰곰이 생각해보았다. 나는 분명 좌절하고 절망하며 최악의 결정을 선택했을지도 모른다. 회복탄력성의 힘을 제대로 증명해주는 사람이었다. 우정훈 씨 역시 사고로 자신이 할 수 없는 일을 생각하고 괴로워하기보다는 주어진 상황을 긍정적으로 받아들이면서 '할 수 있는 일'을 적극적으로 찾아나서는 힘을 보여주었다.

회복탄력성은 신체적 장애의 극복만을 가능하게 하는 것은 아니었다. 이번에는 다른 예다. 류춘민 씨는 부산에서 연 매출 50억이 넘는 한우 고깃집을 운영하던 사업가였다. 언덕 위에 자리 잡은 그의 음식점은 멀리 바다가 내려다보이는 전망 좋은 산책로를 포함해서 1만 1천 평에 이르는 거대한 규모였다. 좌석만 해도 500석이 넘고 종업원도 100명이 넘었다.

그러나 1997년 IMF 사태가 닥치면서 매출은 반 토막이 났고 엎친 데 덮친 격으로 1999년에는 광우병 파동까지 일어났다. 계속 빚을 늘려가며 음식점을 운영하던 그는 2004년에 100억에 이르는 빚을 지게 되었다. 결국 류춘민 씨는 음식점을 모두 처분하여 빚을 갚고 빈털터리가 되는 결단을 내릴 수밖에 없었다. 스스로 너무 쉽게 성공해서 자만에 빠진 것이 잘못이라고 진단하는 그는 "끝까지 욕심내서 붙들고 있다가 부도라도 냈으면 직원들 퇴직금이나 줬겠어요? 팔아 넘긴 게 다행이지요."라고 환한 표정으로 이야기했다. 하루아침에 빈털터리로 전락한 그는 아내와 함께 4년 동안 고생한 끝에 8천만 원으로 14평짜리 작은 국수집을 하나 차릴 수 있었다. 나는 류춘민 씨가 존경을 넘어 위대해 보였다. 보통 사람들이라면 절대 이렇게 대처하지 못했을 것이기 때문이다. 예전에는 온갖 걱정이 많았다고 한다. 하지만 지금은 걱정이 없다고 한다. 걱정 대신 하루하루가 감사함으로 채워진다고 했다.

영국에 패트리샤 휘웨이는 전문직에 종사하던 커리어 우먼이었다. 그러나 한창 일할 나이인 40세가 되던 2000년, 그는 일을 포기하고 전업주부가 되기로 결심하게 되었다. 좀 더 정확히 말하자면 아이를 위해 전업주부가 되기로 결심한 것이다. 그녀의 아들 조지는 간질과 학습장애에다가 식이장애까지 갖고 있었다. 시간이 지날수록 그녀는 아이가 먹는 모든 음식이 아이의 상태를 더 나쁘게 만든다는 사실을 확신하게 되었다. 조지는 우유와 밀가루 음식 그리고 거의 모든 식품첨가물에 알레르기 반응을 보였다. 먹은 음식마다 다 토하고, 설사하며 알레르기 반응을 보이다가 간질 발작까지 일으키는 어린 아들을 부둥켜안고 눈물로 지새우는 밤이 늘어갔다. 그녀는 집 근처의 슈퍼마켓과 건강 식품점을 샅샅이 뒤졌지만, 아이에게 먹일 안전한 먹을거리는 없었다. 할 수 없이 그는 아이를 위해 스스로 글루텐이 없는 빵을 매일 굽고 아이가 먹는 모든 음식을 직접 만들었다. 그는 영국의 최대 유통회사인 테스코의 경영진에게 편지를 썼다. 그는 알레르기 환자들을 위한 음식을 만들겠다는 자신의 계획을 밝히면서, 제대로 된 슈퍼마켓이라면 이러한 음식을 판매해야 한다고 설득했다. 그녀의 아들의 상태와 자신이 처한 상황을 있는 그대로 전했다.

놀랍게도 테스코 경영진은 그녀의 제안을 받아들였고, 그녀는 테스코의 브랜드 매니저가 되었다. 프리 프롬라인 외에도 첨가물이 없는 '테스코-키즈' 시리즈와 '페어트레일' 시리즈도 개발했다. 이제 그는 영국의 식품 산업을 주도하는 인물로 떠올랐다. 두 아이를 키우는 엄마로서, 그 상황의 절망감에 깊은 공감을 했다. 그리고 나의 마인드와 너무 다름을 느꼈다. 내 아이가 이런 상황에 노출되어 있다면 나는 어떻게 대처했을까? 부족한 아이를 낳았다며 아마도 내게 닥친 역경에 굴복하며 처지를 비관하며 눈물로 하루하루를 지새웠을지도 모른다. 패트리샤는 역경을 오히려 도약의 발판으로 삼았다. 역경에도 '불구하고'가 아니라 역경 '덕분에' 성공적이고도 행복한 삶을 살게 된 것이었다. 패트리샤의 삶을 보면서 나도 모르게 주먹을 불끈 쥐고 있었다.

동화작가 안데르센 역시 자신의 역경이 진정한 축복이었다고 말했다. 그는 매우 가난한 집안에서 태어나 초등학교도 다니지 못했으며 알코올 중독자인 아버지에게 학대를 당하곤 했다. 그는 훗날 동화작가로 명성을 얻게 되었을 때 이렇게 말했다.

"생각해보니 나의 역경은 정말 축복이었습니다. 가난했기에 『성냥팔이 소녀』를 쓸 수 있었고, 못생겼다고 놀림을 받았기에 『미운 오리 새끼』를 쓸 수 있었습니다."

이처럼 역경을 극복한 사람들은 모두 자신의 역경을 긍정적으로 바라보며 성공과 도약의 발판이자 원동력으로 삼았다는 것을 알 수 있었다. 그런데 나는 그동안 어떤 생각으로 삶을 살아왔는가? 나는 나의 어릴 적 고난과 시련을 비관하고 숨기고 싶어 했다. 좌절하고 한탄하기 바빴다.

하지만 현인들은 너무나도 대조적인 삶을 살았다. 고난과 역경을 잘 극복해나갔다. 위기를 기회로 삼았다. 자신에게 처한 역경을 슬기롭게 극복한 현인들을 보면서 내가 얼마나 나약한 존재인지 깨닫게 되었다. 나의 약점이 그대로 약점으로 남느냐, 강점이 되느냐의 여부는 오로지

자신이 그것을 어떻게 활용하느냐에 달려 있다는 점을 깨달았다. 나의

회복탄력성의 지수가 궁금해졌다. 나 스스로 시험해보고 싶다. 나도 회

복탄력성 현인들을 따라 자존감 회복탄력성을 높이려 한다.

08

새벽 독서,
공감과 위로가 되다

아침에 눈 뜨면 이런 고민을 했다. 어떻게 하면 오늘도 버틸 수 있을
까? 오늘 하루도 무사히 잘 지낼 수 있을까? 처음엔 일도 일이지만 마음
을 다잡는 데 많은 용기가 필요했다. 어린이집에 가기 싫어 온몸으로 저
항하며 울고 들어간 딸아이의 모습이 자꾸 눈에 아른거렸다.

저체중아로 태어나 몸집이 너무 작아 친구들 엄마가 지어준 별명이 '엄
지공주'였다. 별명이 '엄지공주'였던 작고 여린 딸아이를 어린이집에 보냈

다는 죄책감에 짓눌려 마음이 아팠다. 이런 힘든 마음을 위로해준 건 나와 같은 처지의 워킹맘 작가들이 낸 책들이었다.

전안나 작가는 『기적을 만드는 엄마의 책 공부』에서 자신의 죄책감에 대해서 털어놓았다. 좋은 며느리가 아니라는 죄책감, 좋은 아내가 아니라는 죄책감에 시달리면서 남편이 미워졌다고 고백했다. 그나마도 나중에 남편 역시 회사에서 힘든 일이 있었다는 사실을 알고 나서는 더 큰 죄책감을 느꼈다고 한다. 그러나 저자의 가장 큰 죄책감은 아이들에게 최선을 다하는 좋은 엄마가 되지 못한다는 사실에서 비롯되었다고 한다. 이런 나를 방어하기 위해서 툭하면 아이들에게 화를 냈다고 한다.

어느새 내가 가장 닮고 싶지 않아 했던 엄마가 되고 있었다고 말했다.

『엄마도 오프 스위치가 필요해』의 저자 이혜선은 말한다.

"우리는 잘못 살고 있는 것이 아니에요. 조금 힘들 뿐입니다. 나 혼자만 스스로 엉망진창으로 느끼는 게 아님을 떠올려본다면 작은 힘이나마 낼 수 있지 않을까요? 우리는 모두 같은 길을 걸어가고 있으니까요."

김미경 강사는 저서 『엄마의 자존감 공부』에서 한 엄마의 이야기를 들려주었다. 고생 끝에 회사 최초의 여성 임원이 된 20년차 워킹맘의 사연이다. 아이가 학교에서 왕따를 당해서 전학을 갔지만 그 학교에서도 적응을 못해 힘들어 하여 결국 퇴사를 결정했다고 한다.

살다 보면 하나의 문이 닫혀야만 다른 문을 발견할 수 있는 시기가 있다고 한다. 2~3년 쉬어야 할 때가 그때라고 한다. 바로 그때 좌절하지 말고 새로운 일을 모색해보라고 조언한다. 집에만 있는다 해도 이전과는 다른 열정과 에너지로 살 수 있다. 바깥일만큼 짜릿한 성취의 쾌감은 없더라도 늘 허전했던 마음, 배고팠던 속을 든든히 채울 기회를 만들 수 있다고 조언한다. 포기, 아니 선택은 나 자신을 사랑하는 '또 다른 이름의 꿈'이니까. 지금 어디에 있건 엄마로 살아가는 당신을 진심으로 응원한다고 저자는 워킹맘들을 응원한다.

책 구절구절마다 다 내가 겪은 마음이었고 사례들이었다. 또 앞으로 마주해야 할 일들이다. 너무 공감이 가고 가슴 저리게 다가와 새벽에 읽으며 같은 동질감을 느꼈다. 워킹맘 저자들의 고군분투하는 삶이 나와 복사해서 붙여넣기를 한 것처럼 똑같았기 때문이다.

직장과 육아의 기로와 선택에서 고민하고 고뇌하는 모습들이 나와 일치했다. 이혜선 작가의 아픈 아이를 놔두고 직장에 출근했을 때, 아이 생각에 화장실에서 울었다는 얘기에 그만 코끝이 찡했다. 나도 그런 경험이 수없이 많았기 때문이다.

둘째 딸아이가 신종 플루에 걸려서 열이 펄펄 났을 때도, 치과 치료를 갔는데 아이가 발버둥쳐서 수면 치료를 해야 했을 때, 첫째 아이가 중이염으로 3차례 이상 귀 수술했을 때도 나는 아이 곁을 지키지 못했다. 직장에 있었다. 남편이 일도 못 나가고 나를 대신해 아이들을 병원에 데리고 가서 수술 과정을 지켜보았다.

하루 종일 일이 손에 잡히지 않았다. 몸은 직장에 있지만 마음은 온통 아이한테 가 있었다.

'아이가 얼마나 힘들까?'
'지금쯤 마취하고 수술하고 있겠네.'
'수술은 잘 끝났을까?'
'많이 아프면 안 되는데….'

'우리 아이는 아파서 병원에 있는데, 나는 여기서 뭐 하고 있는 거지?'

이런 아이러니한 직업을 선택한 내 자신도 미웠고, 연가 한번 자유롭게 쓸 수 없는 내 위치와 직업군이 맘에 들지 않았다. 연가를 쓰려면 교사 대신 반 아이들을 대신해서 교육하고 케어해줄 대체 교사를 구해야 하거나, 타 교사에게 부탁을 해야 한다. 그 과정이 번거롭다. 그나마 일의 자유로움이 있는 남편이 아이들 병원 가는 일은 도맡아서 했다. 아이들 졸업식, 입학식도 제대로 한 번 참석하지 못했다. 유치원 참여수업도 아빠가 다 참석했다.

난 잠깐 졸업식에 참여한 후 다시 직장으로 돌아와야 했다. 그리고 아이들 입학식은 한 번도 참석해본 적이 없다. 첫째 초등학교 입학식 때는 친정엄마가 가셨다. 둘째 입학식은 남편이 참석했다. 내가 근무하는 유치원 졸업식과 아이들 유치원이나 초등학교 졸업식이 겹쳤기 때문이다. 그래서 졸업, 입학식 사진에는 늘 난 없고 아빠만 있다. 딸아이가 말한다.

"엄마, 학교에는 왜 맨날 아빠만 와? 다른 아이들은 엄마가 오는데?"

나는 대답한다.

"미안해, 엄마 유치원하고 날짜가 겹쳐서 그래. 다음엔 엄마가 가보도록 노력할게."

늘 미안한 엄마가 된다. 딸도 속상하고 나도 속상하다. 아이가 아프거나 엄마를 진정 필요로 할 때 아이와 함께해주지 못한다는 사실과 미안함에 마음이 철렁한다. 나만 느끼는 죄책감, 미안함, 속상함인 줄 알았는데, 워킹맘 저자들도 다 겪은 일들이었다. 나 혼자 이 온전히 감정을 느끼고 힘들다고 생각했는데 아니었다. 워킹맘 저자들도 독서를 통해 위로받았다는 사실에 큰 공감이 되었다.

그렇게 나 또한 독서를 통해 공감과 위안을 얻고 있는 사실에 동질감이 느껴졌다. 나만 겪는 어려움이라고 생각했지만 나처럼 다른 워킹맘들도 동질의 감정을 느끼고 있다는 사실이 큰 위안이 되었다.

도서관에서 딸아이 책을 고르려다 발견한 책 오은영 작가의 『화해』를 필연적으로 만났다.

"우리나라 사람들이 생각하는 모성애에는 기본적으로 죄책감이 깔려 있습니다. 그래서 대한민국 엄마들은 스스로 고통을 줍니다. 그 고통을 참아내고 헌신하는 게 모성애라고 사회에서 주입하거든요. 우리나라에서 어머니는 '굉장히 긴 인고와 희생의 시간을 견딘 끝에 심신이 건강한 아이를 낳아 완벽하게 키워야하는 존재'라고 생각해요."

대한민국 엄마들은 약속이라도 한 듯 이런 성향을 가지고 있다. 사회에서 주입한 기준에서 조금이라도 벗어나면 죄책감을 가진다. 아이가 잘 안 먹어도, 아기가 아파도, 아이가 문제행동을 보여도, 아이의 정서가 불안해도, 심지어 아이가 장애를 가지고 태어나도 엄마들은 다 내 탓이라고 생각한다.

하지만 그 죄책감이 너무 과한 것은 아닌지 생각해봐야겠다. 나도 아이를 대할 때 늘 죄책감이 내재되어 있었다. 조금은 죄책감과 미안함을 내려놓으려 한다. 아이는 자라면서 감기에 걸릴 수 있다. 자연스러운 일이다. 감기를 이겨내는 과정을 통해 면역력이 생긴다.

그런데 아이가 열이 나고 칭얼대면 우리 엄마들은 미안하다는 말부터

한다. 이런 미안함과 죄책감이 우리 아이들의 정서를 더 불안하게 한다.

죄책감과 미안함은 내려놓고 진심을 다해 상황을 설명한다면 아이들은

충분히 이해하고 받아들일 것이다.

3장

독서는 자존감
회복 스위치였다

01

자존감 ON,
열등감 OFF

불혹을 넘은 나의 그동안 삶은 한마디로 패배감 덩어리였다. 유년 시절부터 중고등학교를 거쳐 20대, 30대를 지나 40대에 접어든 나, 내 삶은 한마디로 열등감, 비교의식과 패배의식으로 물든 삶이었다. 세상에 태어난 이유를 몰랐고, 쓸모없는 존재라는 인식으로 팽배해 있었다.

유년 시절, 나는 시골의 가난한 집에서 태어났다. 술로 한평생을 사신 아버지는 시골 동네 어른들께도 인정받지 못하신 분이었다. 한마디로 손가락질을 당하셨다.

"능력도, 돈도 없는 사람이 술만 먹고 사네."

"저렇게 술만 먹으니, 마누라 고생만 시키지, 쯧쯧쯧."

"아고, 자식들은 뭔 죄야, 불쌍하다, 불쌍해."

이런 얘기를 수없이 들었다. 어린 나이에도 손가락질 당하는 아버지가 싫었다. 그리고 우리는 아버지의 자식이라는 이유로 짙게 드리워진 어두운 그늘 아래서 늘 움츠려 있어야 했다. 이런 아버지는 행실 때문에 친할머니께도 자식으로서 전혀 인정받지 못했다.

큰집에 가면 늘 우리는 가시방석이 따로 없었다. 어린 우리는 큰집에 가면 떠들기는커녕 죄인처럼 무릎 꿇고 가만히 앉아 있어야 했다. 할머니는 우리에게 따뜻한 눈길 한 번 안 주셨다. 어린 마음에도 서운하고 서글펐다. 큰집 가서 할머니를 뵙는 것이 제일 곤욕이었다.

이렇게 지내는 아버지의 모습이 안타깝고 보기 싫었던, 제일 큰언니는 서울로 이사를 권유했다. 우여곡절 끝에 서울로 이사를 하게 되었다. 아버지를 개과천선시키는 게 제일 큰 목적이었다. 시골에서 손가락질당하는 아버지의 삶을 변화시켜보고자 큰언니의 야심찬 목적에 이사를 온 것이었다. 서울로 이사를 오면 새로운 삶이 펼쳐질 줄 알았다. 아버지가 일도 열심히 하시고, 다른 삶을 사실 줄 알았다. 하지만 큰 오해였다. 그 기대는 한순간에 와르르 무너지고 말았다.

서울 생활에 전혀 적응을 못 하셨다. 직장을 구하시면 이틀 나가고 못 하겠다고 그만두셨다. 시골에는 친구분이라도 계셨는데 여기는 친구도 없으니 더 술에 의지하셨다. 술로 사신 아버지의 술주정은 밤을 새고 새벽까지 이어졌다. 단칸방에 살았던 우리는 아버지의 술주정으로 인해 잠을 잘 수가 없었다. 밤새 이어진 아버지의 술주정과 고함으로 인해 집주인에게 피해를 줬다. 우리는 쫓겨나듯이 다른 곳으로 이사를 해야 했다. 허름한 달동네 겸 산동네였다. 날이 갈수록 아버지는 더욱 술에 의지하고 우리는 고통의 나날들을 보내야 했다.

'나는 왜 이런 가난한 집에서 태어났을까?'
'왜 저런 아버지 딸로 태어났을까?'
'차라리 난 태어나지 말았어야 했는데….'

술로 사신 아버지는 서울로 이사 온 지 3년도 채 안 되어 돌아가셨다. 아버지가 돌아가신 것이 오히려 감사했다. 지옥 같은 상황에서 조금은 벗어날 수 있었으니까 말이다. 하지만 아버지의 빈자리는 엄마의 삶을 고달프게 만들었다. 이런 아버지의 부재와 가난함은 나의 사춘기를 더 우울하게 만들었다. 나는 이런 넉넉하지 못한 삶 때문에 용돈 한 번 받아 본 적도 없고 학원 한 번 보내달라는 말을 못 했다. 이런 잠재의식은 성인이 되어 사회생활을 하는 데도 큰 영향을 미쳤다. 직장생활에서도 내 의견을 제대로 피력하지 못했다. 하라는 대로, 하자는 대로 그저 내 의견은 반영하지 않고 시키는 대로 했다. 나에게 자존감은 존재하지 않았다. '자존감이 뭐였지? 내게 자존감이 있었나?' 하며 나를 사랑하지 않았다. 어떤 일을 추진하는 데 자신감이 결여된 채 남의 의견을 따라가기 바빴다. 이 자존감이 결핍된 삶은 결혼 후 아이를 낳고 직장을 구하고 비정규직 삶을 살면서 훨씬 강도가 세졌다. 더 씁쓸했다. 나는 원치 않았는데 비교되는 삶을 살아야 한다는 것, 견디기 힘들었다. 내 인생은 답이 없는 것 같았다.

박진영의 『나, 지금 이대로 괜찮은 사람』이란 책을 읽었다. 책에서는 실패를 제대로 겪어보지 않아 자기 자신의 내면 깊은 곳까지 가본 적이 없는 사람은 높이 올라가기 힘들다고 이야기한다. 결핍이 부족한 만큼, 자신의 한계를 넘으려는 목적의식이 상대적으로 약할 수 있다고 말한다. 나는 어렸을 때부터 끊임없이 어려움을 경험했다. 내 장점과 강점을 일찌감치 파악했기 때문에, 자신 내면의 깊은 곳까지 뚜벅뚜벅 내려가봤기 때문에 어느 순간에는 생각하지도 못한 높이로 뛰어오르는 강인한 에너지가 있는 것 같다. 난 자립심이 참 강하다. 겁은 많다. 하지만 도전하는 데는 불도저 수준이다. 요즘 패배의식과 열등의식을 내려놓기 연습을 하고 있다. 이 내려놓기 연습은 마음을 상하게 만드는 것들의 덫에 빠져 고통스러워하는 대신 마음의 그릇을 키울 수 있는 기회로 삼으려 한다. 그러기 위해서 나의 가치를 정확히 알아야 한다. 스스로의 가치를 인정할 때 비로소 타인의 판단이나 평가에 휘둘리지 않고 나의 삶을 살 수 있는 것이다.

안세영 작가의 『엄마의 자존감 회복 수업』에서는 이렇게 말한다.

"당신은 당신이 생각하는 것보다 훨씬 더 크고 위대한 존재라는 것을 기억하라. 매일매일 조금씩 성장하고 있고, 앞으로 눈부실 미래를 열게 될 것을 확신한다."

이 문구가 나에게 스스로 생각하는 것보다 위대한 존재이니 기죽지 말고 앞으로 쭉 나아가다 보면 멋진 미래가 나를 두 팔 벌려 기다리고 있을 거라고 희망을 던져주는 듯했다. 그러니 용기 있게 나아가라고 응원해 주는 듯했다. 어느새 저 지하 밑바닥에서 꿈틀대던 자존감이 슬며시 고개를 들고 있었다. 없을 줄 알았던 자존감 회복 스위치에 '딱'하고 불이 켜졌다.

02

아픔 어린 상처를
보듬어주다

서울로 이사 오면서 나와 동생은 부모님 따라 올라왔지만 바로 위 둘
째언니는 큰집에 맡겨져야 했다. 방 한 칸인 단칸방에 우리 대가족이 살
수 없었기 때문이다. 정말 다행이라고 해야 할까? 나와 여동생은 엄마
아버지와 같이 지냈으니 말이다. 그나마 우리 세 자매들이 만날 수 있는
시간은 방학 때였다. 만나면 반가워 폴짝폴짝 뛰다가 어느덧 헤어질 때
면 우리는 부둥켜안고 울었다. '언제 또 우리 만나? 우린 왜 이렇게 지내
야 해? 언제 우리 같이 살 수 있을까?' 고속버스를 타고 시골 큰집으로

다시 내려가는 언니의 뒷모습을 보면서 애잔하고 슬프고 안타까웠다. 우리 자매들이 가끔 만날 때 늘 회자되는 내용은 이때 얘기다. 만나기만 하면 우리는 약속이라도 한 듯 그때의 시기를 회상하게 된다. 그럴 때마다 우리는 눈시울이 붉어진다. 그때의 서로의 상처들이 너무 커서 잊히지가 않는다.

매일 새벽 주방에서 숨죽여 우시는 엄마의 뒷모습을 보면서 어린 마음에도 가슴이 찢어질 듯 아팠다. 이런 엄마가 우릴 두고 도망가실까 봐 늘 불안했다. 가정불화로 집 나가겠다고 가방을 챙기실 때마다 나는 가방을 빼앗으며 엄마 치맛자락을 잡았던 기억이 수없이 많다.

세상에 제일 불쌍하고 가여운 사람은 우리 엄마, 아버지 자식으로 태어난 우리 형제라고 생각했다. 이렇게 불행했던 어린 시절의 기억은 성인이 되어서도 트라우마로 작용하였다. 이때부터 나는 세상을 냉소적이고 부정적으로 바라보게 되었다. 내가 조금만 더 용기 있는 아이였다면 크게 방황했을 것이다. 어린 마음에도 집을 뛰쳐나가고 싶었던 순간이 한두 번이 아니었다. 하지만 밤낮으로 아버지를 대신해 새벽부터 밤늦게 가정을 책임지시며 일하시는 엄마를 보며 차마 불효를 할 수가 없었다.

어릴 적 아픈 과거를 끌어안고 살고 있었다. 뜨거운 불덩이를 안고 살았다. 자존감이 떨어질 때면 이 불덩이는 나를 더 활활 태워버리는 무기로 변하기도 했다. 가슴 한가운데 불운한 과거를 짊어지고 다녔다. 가만히 내버려두면 자연스럽게 잊힐 일인데 무슨 일만 생기면 자꾸 꺼내보게 된다. 그럴 때마다 번번이 데이고 또 상처를 입었다. 과거를 회상할 때마다 자기 연민에 빠져 헤어 나오질 못했다.

『이 한마디가 나를 살렸다』의 김미경 강사는 주변의 누군가를 도무지 이해할 수 없어서 자꾸 미워하게 되고 마음이 힘들었던 경험이 있다고 한다. 이해할 수 없는 대상이 가족이거나 너무 가까운 사람이라면 마음의 괴로움은 한층 커졌다고 한다. 바로 아버지였다. 어릴 때 아버지를 이해할 수 없었다고 한다. 손대는 사업마다 망했고, 아버지의 경제적 무능 때문에 우리 가족은 무척 힘든 시간을 보냈다고 한다.

아버지가 마지막으로 벌인 사업은 돼지 농장이었는데, 그 사업마저 망했다. 그런데 어느 날 작은방 안에서 아버지가 벽에 머리를 찧으며 울고 계셨다고 한다. "나란 놈은 왜 이렇게 평생 안 풀리노." 이렇게 읊조리며 눈물을 흘리시는데 저자도 한참을 따라 울었다고 한다.

저자는 마흔이 넘어서야 비로소 아버지를 이해할 수 있었다고 한다. 이런 일이 어떻게 가능했던 걸까? 그건 바로 아버지보다 마음의 크기가 커졌기 때문이라고 한다. 세월이 켜켜이 쌓이면서 아버지를 저자의 마음에 담아도 될 만큼 커버렸다고 한다. 아버지가 살아온 인생을 있는 그대로 인정하고 받아들이게 되었다고 한다. 저자의 글을 읽으면서 내 마음의 크기가 얼마인지 측정해보았다. 마음의 크기와 그릇이 여전히 작았다. 성인이 되어서도 난 아직 아버지를 용서하지 못하고 있었다.

내 경우도 '우리 가족의 불행은 아버지 때문'이라고 단정하며 원망하는 마음이 늘 가득했다. 그런데 우리 아버지도 '투사'라는 방어기제를 사용했다는 것을 알게 되면서 괴롭고 증오심으로 가득했던 아버지의 상황이 조금은 이해가 되었다.

그리고 아버지가 돌아가시고 성인이 되어 아버지 산소를 이장하러 갔을 때 큰아버지께서 아버지 살아온 얘기를 들려주셨다. 아버지의 자라온 환경과 아버지가 술을 그렇게 의지하실 수밖에 없었던 이야기를 들을 수 있었다. 큰아버지의 말씀을 듣고 보니 아버지를 조금은 이해할 수 있게 되었다. 그동안 뿌연 안개 속 같았던 마음이 어느 정도 정리되는 기분이었다. 원망과 증오심도 조금씩 옅어졌다.

술과 담배에 의지하며 평생을 사신 아버지 때문에 내 배우자의 우선순위 선택 조건이 술 담배 안하는 사람이었다. 다행히도 남편은 술 담배는 하지 않는 사람이다. 아버지와의 살가운 추억이 조금도 없는 내가 남편과 딸아이의 모습에서 대리 만족하고 있다. 친정아버지와 남편의 모습은 대조적으로 그려졌다.

아이들과 시간만 나면 캠핑을 가거나 여행을 계획한다. 딸아이는 아빠를 강아지처럼 졸졸 따라다닌다. 남편은 귀찮아하지 않고 다 받아주고 응대해준다. 멀리 출장이라도 가서 며칠 못 보면 큰일이라도 난 것처럼 애틋하게 전화를 한다. 꼭 연인처럼 말이다. 남편과 아이들의 끈끈한 유대관계를 보면 절로 웃음이 나고 흐뭇해진다. 어릴 적 아버지의 사랑의 빈자리가 채워지는 듯하다. 나는 상상할 수 없었던, 생각조차 못했던 아빠와 딸아이의 모습이기 때문이다. 나의 어릴 적 모습과 극명하게 차이가 나는 현재 상황이 바람처럼 사라질까 조금은 두려운 생각이 든 적도 있었다. 내가 꿈꾸던 가정의 모습이기 때문이다. 무엇과도 견줄 수 없는 행복감이 차오른다.

한 가지 아쉬운 것이 있다면 책을 가까이하지 않는다는 점이다. 내가 책을 가까이 하면서 조금씩 변화되는 모습으로 본이 된다면 남편도 책을 가까이하지 않을까? 그런 기대감이 생긴다. 우리 가족이 책으로 주말을 열고 책으로 힐링하는 가족이 되길 간절히 꿈꾸고 있다.

버럭 엄마가
우아한 엄마가 되다

아이러니하게도 나는 세상에서 제일 증오하고 싫어했던 아버지를 그대로 입은 아이이다. 외모는 물론 성격도 그대로 입었다. 혈액형도 아버지와 같다. 성격이 아주 급하다. 그리고 욱하고 화내는 감정도 그대로 닮았다. 이 성격은 꼭꼭 숨바꼭질을 하듯 숨겨져 있다가 아이들을 낳고 육아하며 살림하다 보니 전혀 필터링 되지 않은 상태로 여과 없이 드러났다. 내가 이렇게 내면에 화가 많은 줄 몰랐다. 하루는 순한 어린양처럼 온순하다가, 어떤 하루는 괴물처럼 화를 내기도 했다. 그리고 한숨을 달고 살았다. 더 안타까운 것은 감정의 기복이 무척 심하다는 것이다. 순간 온화했다가 갑자기 버럭 화를 내는 모습을 보면서 남편과 아이들은 당황해했다. 나는 결혼해서 그런 줄 알았다. 내가 워킹맘으로 살아내면서 삶이 힘들어, 벅차서 이렇게 화가 생긴 줄 알았다. 명절 때 나의 친정 식구들이 다 모였을 때였다. 남편은 우리 가족한테 얘기한다.

"장모님, 결혼 전에는 집사람이 이런 성격인 줄 몰랐어요. 순하고 착한 줄만 알았는데 전혀 아니에요."

옆에 있던 자매들이 한마디 거들었다.

"착하지 않아요!"
"성격 장난 아니에요."
"공부 안 된다고, 주위 사람들한테 얼마나 화를 냈는지 아세요?"
"사춘기 때, 엄청 힘들게 했어요."

부끄러웠다. 내가 가족들한테 이런 모습으로 비춰진 사람이었다니 가족한테 너무 미안했다. 가족을 나의 화풀이 대상으로만 여겼다는 것이 죄책감을 들게 했다. 그랬다. 나도 내가 착한 줄 알았다. 하지만 착한 것이 아니라 착한 척 코스프레를 하고 있었다. 어릴 때부터 착하다는 말을 수없이 들었다. "착하네. 우리 셋째 딸." "착해서 심부름도 잘하네." "착하고 공부도 잘하고 예쁘네." 이런 말에 길들여진 탓인지 나는 착해야만 되는 줄 알았다. 마음은 전혀 그렇지 않은데 그렇게 행동하고 있었다. 그런 척이라도 해야 했다. 그래야 아버지, 엄마가 행복해하고 웃으시니까 말이다.

내 안에 잠재된 화를 억누르고 밖에서는 순응한 척, 착한 척하며 살았던 것이다. 나쁜 감정을 꼭꼭 숨기고 있다가 에너지 소진이 너무 큰 날, 제일 약하다고 만만하다고 여겨지는 우리 아이들에게 쏟아내고 있었다. 그리고 나의 모든 것을 받아주고 수용해주는 남편한테 스트레스를 풀고 있었다. 이 방법이 결코 옳지 않다고 느끼면서도 체력적으로 정신적으로 힘들 땐 주체할 수 없을 정도로 표출되었다.

나는 수시로 감정 조절이 안 되었다. 일과 육아로 지친 탓도 한몫했다. 직장을 퇴사해야 하나 말아야 하나 심각하게 고민하게 만든 일이 있었다. 사회생활을 하며 난생 처음 '경위서'를 쓴 날이다.

품의서를 조금 늦게 올렸다. 매달 하는 일이라 실수한 적이 없었는데 그 달은 무슨 생각으로 지냈는지 기한 안에 품의를 올리지 못했다. 나를 관리하는 바로 위 부장님도 혼나고 나도 혼났다. 순간 '나 왜 이렇게 일처리를 잘못한 거지? 살다 살다 경위서까지 써보다니…' 자책부터 시작해 수치심까지 느꼈다. '경위서'를 써본 적이 없기에 인터넷에 검색해 경위서를 써서 올렸다. 상사에게서 돌아온 말은 "무슨 경찰서에서 쓰는 경위서를 써왔냐?"였고 다시 제대로 형식에 맞게 써오라고 했다. 다른 동료에게 물어보고 다시 써서 제출했다. 내가 혼나는 모습을 다른 직장 동료들도 다 지켜보았다. 쥐구멍에라도 숨고 싶었다. 당장 직장을 뛰쳐나오고 싶었다. 그날은 직장에서 어떻게 하루를 보냈는지 지금 생각해도 창피하고 숨고만 싶다.

직장에서 이렇게 혼날 일이 있거나 학부모, 아이들 때문에 스트레스를 받은 날은 아이들에게 내 못난 모습을 그대로 투영해버렸다. 집안일도 보이지 않고 아이들도 보이지 않았다. 못난 감정에 휩싸여 집안에서 그 감정들을 아이들에게 버럭 화내며 쏟아내고 있었다. 이런 감정은 하루 이틀로 끝나지 않고 며칠 동안 계속되었다. 마음과 속이 좁았다. 절대 성숙한 어른의 모습이 아닌 제일 미성숙하고 자기중심적인 어린아이 같았다. 아이들, 남편을 배려하기는커녕 나의 스트레스 풀 대상으로만 여기고 흘러가는 감정대로 대했다.

윤홍균 정신과 의사는 저서 『자존감 수업』에서 감정 조절에 대해 조언한다. 감정을 조절하려면 감정을 직시할 줄 알아야 한다는 것이다. 감정은 파도다. 파도에 휩쓸리는 게 아니라 파도를 탈 줄 알아야 한다. 그러나 파도에 휩쓸려 괴로웠던 사람은 파도를 보기만 해도 무섭겠지만, 그럼에도 불구하고 파도를 타려면 파도를 똑바로 보는 것부터 시작해야 한다.

저자는 아침부터 저녁까지 있었던 일들을 하나하나 떠올리고 그때마다 떠올랐던 감정들을 적어보라고 권유했다. 그러면 공통된 감정이 나온다고 했다. 만약 3번 이상 반복된 감정이 있다면 그것과 관련된 사건이나 생각을 적어보라고 조언했다.

이것이 '감정일기'이다. 감정일기를 쓸 때 중요한 것은 마무리이다. 무조건 '나는 오늘 이러이러한 감정을 느꼈구나!'로 끝내야 한다. 그렇지 않고 '왜 이런 감정을 느꼈을까?'로 끝내면 다시 한 번 감정을 격화시켜 자기 비난이나 우울감에 빠지기 쉽다. 일부러라도 물음표를 지우고 감탄사로 끝내야 한다. 책에서 제시해준 방법대로 감정일기를 써보았다. 과연 이 방법이 효과가 있을까 의구심이 들었지만 열심히 실천하려 노력해 보았다. 다음은 책에 나온 예시와 내가 쓴 감정일기이다.

예) 상사가 야단을 쳤다. 억울하고 분했다. 집에 오자 남편이 집 안이 어질러져 있다고 짜증을 냈다. 서운했다. 자려고 누웠는데 갑자기 눈물이 났다. 내 인생이 참 불쌍하다는 생각이 들었다. 서러웠다.

마무리 : 왜 이리 마음이 힘들까? (X)

오늘은 참 여러 가지로 억울한 날이구나. (O)

적용한 사례 : 퇴근 후 주방에 정리되지 않은 살림과 설거지가 산처럼 쌓여 있었다. 억울한 감정이 들었다. 짜증이 솟구쳤다. 나도 일하는데 설거지와 살림은 왜 엄마인 나만 신경 써야 하는 거야?

마무리 : 오늘은 짜증이 나고 억울한 감정이 드는 날이구나. 남편과 역할분담을 하고, 정말 힘든 날은 간단식으로 대체하자.

일주일, 한 달 정도 감정일기를 실천하던 날 거짓말처럼 짜증났던 일들이, 욱하고 화났던 일들이 부드럽게 넘어가게 되었다. 예전에 나는 특히 코로나로 집콕하는 아이들의 생활 패턴이 맘에 들지 않았다. 아이들의 행동 하나하나를 간섭하고 계획표를 짜서 행동하도록 하였다. 그리고 퇴근 후에는 아이들이 계획표에 적어놓은 리스트들을 하나하나 실행했는지 체크하기 바빴다.

예전에는 "너 이건 왜 안 했어? 뭐 하느라고? 하루 내내 집에서 놀면서 이것도 못 해? 엄마는 일도 하고 너희들 밥도 하고 빨래도 하는데 너희들 스스로 할 일은 해야 하는 거 아냐?"라고 다그치며 화를 냈다. "엄마가 네 나이 때에는 외할머니가 밭에서 오시기 전에 밥도 해놨어. 주말 아침부터 밭에 나가 할머니 도왔어!" 이렇게 공감할 수 없는 요즘 식의 '라떼' 얘기로 아이들을 나의 몇 십 년 전 어릴 적 나와 비교했다.

하지만 이제는 아이들에게 할 일은 체크하되 강제성을 부여하지 않고 자유의지대로 할 수 있게 허용을 하고 있다. 먼저 "엄마는 우리 아들, 딸 믿어. 엄마 없이도 스스로 공부도 하고 책도 읽고 잘했네. 그정도면 잘하고 있어."라며 칭찬과 격려를 먼저 해주고 있다. 아이들이 잘 수행하지 않거나 말에 토를 달 때도 '그럴 수 있어! 지금 크고 있다는 증거야.'라고 생각을 한다.

그리고 조금 못난 감정에 휩싸일 땐 잠시 그 자리를 피하거나 속으로 숫자를 세며 마음의 흥분을 가라앉히고 있다. 부끄러운 이야기이지만 예전에 조금이라도 아들이 반항을 하면 매를 찾기 일쑤였다. 아들은 거기에 더 반항하며 저항했다.

그런데 요즘은 오히려 아들과 대화하는 시간이 많아졌다. 말 한마디 안 하던 아들이 대화를 걸어온다. 마음의 문을 먼저 열었다. 그러니 아들도 내게 문을 열기 시작했다. 보드게임도 같이 한다. 대화하며 게임도 같이 하니 아들의 대화 방식이 많이 부드러워졌다.

사소한 일에 짜증내고 반항하던 아들이 거짓말처럼 순한 양이 되었다. 하루하루가 감사로 물들고 있다. 아직 제어되지 않은 모난 감정들이 아직도 나를 힘들게 하지만 책이 선사하는 지혜와 방법을 따라 열심히 마음을 연마해나갈 것이다. 버럭 엄마의 번데기에서 우아한 엄마의 나비로 열심히 탈피하고 있는 중이다.

우아한 엄마가 되어 차가운 감정이 아닌 따뜻하고 온화한 감정으로 자유롭게 날아다니고 싶다. 오늘도 버럭 엄마가 아닌 우아한 엄마가 되기 위해 감정일기를 적어보고 육아 서적을 펼친다.

04

긍정의 에너지를
끌어올리다

독서는 내 삶의 질을 향상시켰다. 부자가 된다는 뜻은 아니다. 한 달에
10권 이상을 읽었다고 해서 누구를 가르칠 정도로 똑똑해지거나 말을 유
창하게 하는 것은 절대 아니다. 오히려 책을 사느라 돈을 많이 썼다. 하
지만 분명 독서는 내 삶의 질과 만족감을 업그레이드시키고 있다. 열등
감과 패배덩어리, 비교의식, 죄책감에 시달리던 나는 분명 독서를 통해
변화되고 있었다. 그동안 나를 무가치하게 느꼈다. 세상에 쓸모없는 존
재라 여겼다. 용기와 자신감도 밑바닥이었다. 중고등학교를 거쳐 성인

이 되어서도 분명 알고 있는 질문의 답도 말하지 못했다. 손을 들 용기가 없었다. 그런 내 자신이 너무 답답했다. 말 주변도 부족하다. 선천적으로 타고난 기질도 있었지만 불우했던 환경도 한몫을 했다. 하지만 책을 가까이하면서 '내가 왜? 내가 뭐가 부족한데?'라는 의구심이 들기 시작했다. 내가 읽었던 책 주제가 나오면 나도 모르게 자신감이 차올랐다. 내가 아는 선에서 열심히 의견을 반영하고 배경지식을 나누고 있는 내 자신을 발견한다.

독서가 서서히 재미있어질 무렵 도서관 추천 도서 『맥스웰 몰츠 성공의 법칙』을 찾았다. 이 책은 두껍다. 다소 지루하게 느낄 수 있어 독서 초보자가 읽기엔 맞지 않을 수 있다. 그렇지만 조금만 노력하고 재미를 붙여서 읽을 수 있다면, 자신감과 용기를 찾고픈 이들에게 이보다 좋은 책은 없다. 커다란 자존감을 되찾아준 고마운 책이다. 처음에는 제목을 보고는 일반적인 자기계발서인 줄 알았다. 자기계발서가 아니라고 딱 잘라 말할 수는 없겠다. 다만 이 책은 제목처럼 '성공'을 위해 나아가는 방법을 제시하는 다른 자기계발서와는 매우 다르다. 사람의 마음, 자아를 교정하고 '부정적 신념'을 깨는 방법을 알려준다. 실패한 나에게 꼭 맞는 고마운 책이었다. 자존감 없는 내가 왜 그런 것인지, 이를 극복하기 위해서는 뭘 해야 하는지, 어떻게 스스로를 치유해야 하는지 과학적으로 짚어주었다.

"성공과 행복은 정신적인 습관이다."라고 저자는 말한다. 마음과 정신을 다시 일으켜 세우고 행복해지고, 작은 승리에서부터 큰 승리로 나아가는 방법을 다양한 사례와 함께 과학적 근거를 들어 설명해준다. 바닥에 있는 내 자존감은 맥스웰 몰츠를 만나고 작게나마 희망을 가지게 되었다. 이 책 한 권을 읽고서 사막에서 오아시스를 만난 느낌보다 더 큰 고마움을 느꼈다면 당시의 내 마음을 다 표현할 수 있을까? 그것으로도 모자랄 수 있다고 생각한다.

그리고 매일 쳇바퀴 돌듯 무기력한 삶을 살았다. 아침에 '5분만 더', '3분만 더' 하며 7시에 힘겹게 기상했다. 예전의 나라면 상상할 수 없는 모습이다. 단지 책을 읽기 시작한 뒤로는 하루하루가 기대의 연속이다. 무엇이라 형용할 수 없는 에너지가 안에서 샘솟는 게 느껴진다. 가지 않은 길에 대한 설렘이 가득하다. 나는 책을 읽는 것만큼이나 평소 생활에도 최선을 다했다. 어릴 적부터 '성실하고 바르다'는 말을 무척 많이 들었다.

초등학교 6년, 중학교 3년, 고등학교 3년 내내 총 12년 동안 개근상을 놓쳐본 적이 없다. 학교생활 내내 바른생활 부장, 선도 부장을 맡았다. 대학교 때도 장학금을 받으며 아르바이트를 해가며 열심히 생활했다.

그리고 직장생활 할 때도 결근이나 지각 한 번 없이 성실히 다녔다. 아파도 출근을 했다. 사회생활은 그렇게 해야만 하는 줄 알았다. 조금이라도 틀에서 벗어나면 큰일이라도 날것처럼 울타리에서 벗어나지 못했다. 융통성이나 꼼수를 부릴 만한 용기가 하나도 없었다. 그 정도로 좀 답답하게 생활을 했다.

이렇게 앞뒤가 꽉 막힌 생활을 하다 보니 나에게 스스로 목이 조이는 듯한 답답함이 느껴졌다. 회식을 할 때면 나는 절대 가고 싶지 않은데 '저 못 가요, 가기 싫어요.'라는 말을 하지 못했다. 어쩔 수 없이 따라가서 의미 없는 자리를 채우곤 했다. 이런 내가 답답하고 싫었다. 이제는 달라졌다. 하기 싫은 것은 정중히 거절한다. 상황이 안 되면 안 된다고 말한다.

예전에는 찾지 못했던 가치를 찾으려 노력한다. 그 전에는 단점만 보였다. 지금은 나의 긍적적인 면과 장점을 찾고 있다. 어느 날 수첩에 적어보았다. 나의 장점을 생각하며 적어보았다.

– 나는 책임감이 강하다.

– 나는 자립심이 강하다.

– 나는 인상이 좋다.

– 나는 잘 웃는다.

– 나는 글씨를 잘 쓴다(명필대회 최우수상 받았다).

– 나는 성실하다.

– 나는 인간관계를 잘 유지한다.

– 일과 육아를 병행하며 잘해내고 있다.

감사할 일도 적어보았다.

– 저체중아로 태어났던 딸아이가 건강하게 잘 자라고 있다.

– 자상하고 유머러스한 남편 덕에 웃을 일이 많다.

– 코로나19 시대에 퇴사 불안 없이 직장을 다니고 있다.

– 비록 빚 덩어리지만 편히 쉴 수 있는 우리 집이 생겼다.

새벽 몰입독서 덕에 하루를 이틀처럼 살고 있다. 하루를 활기차게 시작할 수 있음은 물론이고 충만함으로 모든 것이 새롭게 느껴진다. 의미를 부여하지 않았던 것들에 의미를 부여하며 관찰하게 되었다. 소소한 행복과 감사를 누리고 있다.

미국의 심리학자 윌리엄 제임스는 "우리 삶이 일정한 형태를 띠는 한 우리의 삶은 습관 덩어리일 뿐이다."라고 말했다.

하나의 습관이 그 자체로는 상대적으로 큰 의미는 없지만, 매일 먹는 음식, 밤마다 아이들에게 하는 말, 저축하는지 소비하는지, 얼마나 자주 운동하는지, 생각과 일과를 어떻게 정리하는지 등이 결국에는 생산성, 경제적 안정과 행복에 엄청난 영향을 미친다고 한다. 듀크대학교 연구진이 2006년에 발표한 논문에 따르면, 우리가 매일 행하는 행동의 40%가 의사 결정의 결과가 아니라 습관 때문이었다고 한다.

독서 습관이 나의 24시간을 생산적이고 효율적으로 관리할 수 있는 밑바탕이 되고 있다. 매일매일의 틈새독서가 결국 생각과 마인드에 미쳐 직장생활을 병행하면서 다양한 분야에 도전할 수 있게 도와주었다. 일을 병행하는 가운데 '반드시 책 만들기 모임'에 참여하여 주제에 따른 글쓰기도 진행하였다. 그 결과 공저 전자책 『나를 외면한 나에게』가 발간되었다. 13명의 글벗들이 모여 한 권의 책을 완성하였다. 지은이에 내 이름 석 자가 적힌 걸 보는 순간 마음이 벅찼다. 나의 무엇과도 견줄 수 없는 보물 1호가 되었다. 이 책을 계기로 지금도 집필 중이다. 축하를 많이 받았다. "일하면서, 아이들 키우며, 살림하며 언제 책을 냈냐며 진짜 멋지다."라는 말을 수 없이 들었다. 책에서 동기 부여받아 삶의 에너지를 끌어올린 결과이다. 앞으로의 도전은 계속될 것이다.

일과 육아 살림까지 넘치는 역할들 속에서 모든 것을 놓아버리고 싶은 마음이 항상 굴뚝같았다. 불만과 짜증이 극치를 달렸다. 내가 이토록 힘든 삶을 사는 것은 모두 남편 탓, 시댁 탓, 아이들 탓으로 돌렸다. 모든 불만과 불평의 원인을 내 자신이 아닌 외부에서 찾으려 했다. 내 마음은 늘 건조했다. 때로는 사막 모래 위에 던져진 느낌이 들었다. 현실의 벽은 너무 높고 내 에너지는 한정적이었다. 매일 유리 멘탈이 되어가고 있었다. 하지만 독서를 가까이하고 독서로 온전한 나와 마주하면서 억울함과 불평, 불만이 잦아들기 시작했다. 남편을 이해하기 시작했고, 짐처럼 느껴졌던 딸아이가 더 없이 소중해보이기 시작했다.

그동안 부정적 에너지로 시작해서 마무리하는 삶이었다면 지금은 긍정의 에너지로 마무리한다. 예전에는 직장에서의 스트레스를 집까지 데리고 와서 가족들에게 푸는 아주 못된 습관을 가지고 있었다. 하지만 지금은 직장을 나서는 순간 안 좋은 생각의 쓰레기들은 버리고 온다. 집 문앞에 도착해 현관문을 열기 전 나쁜 기운의 몸과 마음을 온화한 마음으로 리셋하고 비밀번호를 누른다. 전에는 현관문에 들어서면 어질러진 집안 살림부터 살폈다면 지금은 아이들을 먼저 바라보고 안아주려 한다. 불안했던 딸아이의 애착도 크게 개선되었다. 하루가 비록 벅찰지라도 가계부를 적으면서 감사일기를 쓰고 있다. 감사일기를 쓰지 못할 때는 마음속으로 하루를 되짚어보며 하나씩 정리해본다. 잠자리에 들 때면 뿌듯함으로 감사가 밀려온다. 부정적 에너지가 긍정 에너지로 전환되니 삶의 모든 것이 소중하고 달리 보이기 시작했다.

05

삶의 위기가
만들어준 기회, 독서

짐 론은 『인생의 사계절』에서 이렇게 말한다.

"내가 아는 것의 모든 성공 스토리는 누군가가 정신적, 경제적으로 바닥에 주저앉은 순간으로부터 시작된다. 이러한 상황에 놓이면 사람들은 너무도 고통스러운 나머지 내면 깊은 곳으로 들어가 자신의 재능, 능력, 욕망, 결의 등 상황이 나아지기를 바라는 모든 이에게 필요한 기본적인 요소들을 끄집어낸다. 상황은 역경과 마주할 때 변하기 시작하며 그 상

황은 늘 시련과 마주할 때 변하기 시작하며 그 상황은 늘 개인적인 변화
가 일어날 경우에 그 결과로 변하게 된다."

나는 내면 깊은 곳으로 들어가서는 본능적으로 나에게 가능한 모든 요
소들을 찾아보았다. 그리고 다행스럽게도 거기서 독서를 만났다. 만약
내게 삶의 위기가 없었다면 책도 읽지 않았을 것이다. 현실에 안주하고
그저 그렇게 생각 없이 살아갔을 것이다. 인생의 가장 큰 선물인 독서를
몰랐을 수도 있었다고 생각하니 아찔하다.

베스트셀러 작가이자 한동대 교수인 『지선아, 사랑해』의 저자 이지선
은 교통사고를 만났다. '사고를 당했다'가 아닌 '사고를 만났다'라고 표현
한다. 자신에게는 생일이 2번이라고 한다. '어머니가 나를 낳아주신 날'
과 '사고를 만난 날'이다. 전신에 3도 화상을 입고 40번이 넘는 수술을 받
았다. 엄지손가락 한 개를 제외한 9개의 손가락을 한마디씩 잘라냈고,
아름다웠던 얼굴을 잃었다. 그런 저자가 '사고를 만났다'고 표현을 한다.
'감사'가 인생을 바꾸었다. 매일매일 감사한 일들을 찾았다. 사고 이후 처
음으로 화장실까지 걸을 수 있었던 것을 감사하고, 환자복의 단추를 스
스로 채울 수 있을 때 감사했다. 씻을 수 있는 발이 있어서도 감사했다.

그런 감사들이 쌓이다 보니 '희망'이 보이기 시작했고, 그렇게 사고를 만나기 전보다 더 값지고 고귀한 새로운 인생을 살 수 있었다. 지금 끝과 같은 절망을 맞고 있는 사람들을 향해 이지선은 이렇게 말한다.

"이게 전부다, 이게 끝이라고 생각하면 절대 희망을 꿈꿀 수 없는 것 같아요. 제가 중환자실에서 그렇게 누워 있을 때 그렇게 그만둬버렸으면 오늘 이 행복을 전혀 누릴 수 없는 거잖아요. 오늘의 이 절망들이 끝이 아니라고 생각했으면 좋겠어요. 감사하는 하루하루가 쌓여서 지금 여러분이 꿈꾸는 그런 내일을, 희망을 진짜 눈으로 보게 되는 날이 있을 거예요."

생일이 두 번이라고 생각하는 이지선 저자는 만약 "사고 이전으로 돌아갈래?"라는 질문을 100번을 받는다고 해도 "돌아가고 싶지 않다."라는 답을 할 거라고 한다. 사고가 나지 않았더라면 감사하는 마음, 희망, 새로운 꿈 등 내가 얻은 삶의 소중한 가치 또한 결코 없었을 것이라고 말한다. 책에서 읽고 영상을 만난 이지선 작가의 모습은 성인(聖人)의 모습이었다. 이지선 저자의 당당하고 행복해 보이는 모습은 보는 내내 가슴을 뭉클하게 했다. 인생 전체가 송두리째 뒤바뀐 이지선 저자의 절망과 고통의 크기와 비교할 수는 없겠지만, 여러 번의 실패를 겪은 나의 대답 또한 같다. 결혼 전으로, 아이를 낳기 전으로, 남편 사업 실패, 개인회생 선고 전으로, 임용고시 실패의 이전으로 돌아갈 수 있는 선택지가 있다고 하더라도 나 역시 돌아가지 않을 것이다. 실패와 고통 속에서 많은 깨달음을 얻었고, 독서라는 인생의 선물을 만났기 때문이다. 무엇보다 일상의 소중함을 아는 것이 가장 큰 행복이고 축복임을 깨달았다. 『독서천재 홍대리』, 『기적을 만드는 엄마의 책공부』, 『미라클 모닝』과 같은 좋은 책을 만나지 않았더라면 지금 나의 성장은 없었을 것이다. 인생의 실패와 고난이 없었다면 독서를 만나지 못했을 것이다. 혹 만났더라도 지금의 내가 느끼는 감정, 배움과는 큰 차이가 있었을 것이다. 그저 좋은 책이라며 읽는 것과 뼈에 사무치게 느끼고 배우는 책에는 그 가치가 2~3배로 강력하다.

7전 8기 하면 떠오르는 대통령이 있다. 바로 '고(故) 김대중 대통령'이다. 7번 실패 끝에 8번째 대통령에 당선된 김대중 대통령이다. '인동초', '인간 승리'라고 당선되던 날 대한민국 국민에게 손 흔들던 김대중 대통령의 모습이 아직도 눈에 선하다. 그날의 모습을 보며 가슴이 뭉클하여 눈시울이 붉어졌다.

정규 대학교 교육을 받지 못한 김대중 대통령은 '독서의 달인', '독서의 왕'이라고 불린다. 학력 콤플렉스로 인해서 더욱 독서를 가까이했다고 한다. 4년여의 수감 생활 동안 철학, 신학, 정치, 역사, 문학 등 다방면의 책을 하루 10시간씩 읽었다. 수감 생활 동안 2천 권에서 3천 권 정도의 책을 읽은 것으로 추정된다고 한다. 자서전을 통해 4년여의 감옥 생활이 스스로 다시 없는 교육의 과정이었다고 밝힌 바 있다. 정신적 충만과 향상의 기쁨을 얻은 지적 행복의 나날이었다고 한다. 번잡한 세상과 단절한 채 오로지 독서만 할 수 있었던 그 시절을 동경한다는 말을 자주 하기도 했다.

독서가 필요하다는 것은 누구나 다 안다. 독서가 습관화되면 재미있게 성장하는 새로운 인생이 펼쳐진다. 당신에게 정말 좋은 선물을 드리고 싶다. 지금 이 책을 읽고 있는 당신은 이미 독서를 할 수 있는 가장 소중한 요건을 가지고 있다. 바로 '절실함'이다. 지금 힘들다는 건 독서를 할 수 있는 가장 좋은 기회이다. 절실함은 필수 조건이다. 절실함이 별 성과 없이 대충 흘러가게 놔둬서는 안 된다. 그러기에는 당신의 고통이 너무 아깝다고 생각해야 한다. 독서를 습관으로 만드는 중요한 변화의 씨앗으로서의 절실함을 반드시 '활용'해야 한다.

다산 정약용은 『유배지에서 보낸 편지』에서 독서를 강조하는 말을 자식들에게 이렇게 전했다.

"이제 너희들은 망한 집안의 자손이다. 망한 집안을 살리는 방법은 오직 독서하는 것 한 가지밖에 없다. 너희야말로 참으로 독서를 할 때를 만난 것이다. 가문이 망해버린 것 때문에 오히려 더 좋은 처지가 되었다는 게 바로 이런 것 아니겠느냐."

부모로서 다산 정약용이 자식들에게 해주고 싶은 말들이 많았지만, 부모의 사랑으로 꼽은 중요한 한 가지 방법이 바로 독서였다. 정약용이 자식에게 전했던 독서는 부모의 사랑이었다.

소프트뱅크는 창업 2년 후 최대의 위기를 맞이한다. 손정의 회장은 중증 만성 간염으로 병원에 입원해야 했다. 병실에 입원한 그는 밤이 되면 혼자 울곤 했다. 태어난 지 이제 1년 6개월 된 딸과 성공 궤도에 오른 회사를 두고 죽을 수도 있는 자신의 처지가 너무 절망스러웠기 때문이다. 결과적으로 3년의 병원 생활을 하는 동안 손정의는 책에 미쳐 살았다. "책보다 더 나은 위안도 없었고, 책 말고는 다른 대안이 없었다. 병원에서 보내는 하루하루가 아까웠지만, 책으로 보상받겠다고 결심했다." 3년 동안 4천 권의 책을 읽었고, 의식과 사고 수준이 비약적으로 도약했다. 그의 말처럼 3년의 집중 독서는 자신의 평생을 보장하는 자산이자 든든한 토대가 되었다고 한다.

사람의 성장에는 임계점이 있다고 한다. 독서에도 임계점이 있을까? 내가 경험한 바로는 임계점이 있다. 처음은 독서를 습관으로 만드는 임계점, 두 번째는 독서가 재미있어지는 임계점, 세 번째는 읽었던 책들이 서로 연결되는 임계점이다. 네 번째는 아직 내가 경험하지 못했지만 아마도 머리가 트이는 임계점이 아닐까 한다. 임계점은 어렵지 않았다. 내겐 절실함이 있었기 때문이다. 책의 내용이 연결되는 임계점은 이제 조금씩 느끼고 있다. 손정의 회장님처럼 수천 권의 책을 읽으며 느꼈던 머리가 트이는 경험을 해보고 싶다. 네 번째 임계점을 돌파하고 성장해 있을 나의 모습을 상상하면 가슴이 뛰고 설렌다.

06

죄책감에서
벗어나다

　유치원 교사는 정신적, 육체적으로 에너지 소진이 큰 직업 중 하나이다. 하루 종일 아이들로부터 눈 돌릴 틈 없이 사고가 나지 않도록 신경이 곤두서야 하는 직업이다. 몇 시간을 아이들과 함께하다 보면 정신이 가출되는 느낌이다. 지금은 신규 교사 때보다 경력이 쌓여 많은 노하우와 아이들 다루는 스킬이 능숙해졌다. 아이들의 표정과 몸짓만 보아도 어떤 행동을 하고 어떤 일이 발생될지 예측이 되기도 한다. 이런 예측으로 아이들의 사고를 미연에 방지하고 있다. 그렇더라도 아이들은 순간 사고로 이어질 수 있는 일촉즉발의 상황이 이어지기 때문에 민감하게 관찰해야 한다. 어린 연령일수록 더 세밀하게 관찰해야 한다. 아이들의 행동 발달이 아직 미숙하기 때문에 많은 도움을 줘야 한다. 질서지도, 안전지도, 놀이 시 지켜야 할 규칙과 약속, 생활지도 등 안내하고 지도해야 할 기본 생활습관이 방대하다. 5~7세 유아들은 호기심이 많기 때문에 질문을 폭발적으로 많이 하는 시기이다. 한 유아가 아닌 여러 유아를 상대해야 하기 때문에 각각의 유아에게 반응하고 도움을 주기가 벅차다.

이렇게 매일매일 다수의 유아들과 몇 시간을 가까이 생활하고 퇴근할 때쯤이면 몸과 마음이 지친다. 이 지친 마음으로 집에 와서 저녁을 짓고 집안 정리를 하다 보면 정작 우리 아이들과는 눈빛 마주치며 대화할 시간이 턱없이 부족하다. 아이는 하루 종일 심심한 하루를 보내고 엄마가 퇴근하기만을 기다렸을 것이다.

하지만 나는 우리 아이가 귀찮게 느껴진다. 에너지를 밖에서 다 소비하고 왔기에 우리 아이에게 쏟을 에너지가 남아 있지 않다. 아이는 하루 종일 있었던 일을 재잘재잘 이야기한다. 아이의 이야기에 집중하지 못하고 피곤이 역력한 얼굴로 아이의 말을 들은 체 만 체한다. 아이는 이내 시무룩해진다. 마음이 아파온다. 유치원의 아이들은 정성을 다해 보살 피면서 정작 우리 아이들에게는 관심조차 두지 않는 나의 모습을 보면서 심각한 내적 갈등이 일어난다. '과연 나는 아이를 제대로 키우고 있는 것 인가?' 하는 심리적 불안이 더해진다. 나는 더욱 위축된다.

매달 지출해야 하는 개인 회생비를 상환해야 했고, 남편의 불규칙한 수입 때문에 불안했다. 일을 하지 않으면 생계가 흔들렸기 때문에 피할 수 없는 경우의 선택이었다.

그 후로 8년이 지난 지금 당시 6살, 4살이었던 아이들은 초등학교 고 학년이 되었다. 지금쯤이면 '엄마는 일하는 사람'이라고 체념하고 받아들 일 만도 한데 쉽지가 않나 보다. 둘째 딸아이는 아직도 "엄마가 집에 있 었으면 좋겠어!" 하고 불안한 표정으로 이야기한다. 매일 아침 출근할 때 마다 엘리베이터까지 따라 나와서 나를 배웅한다. 이런 말을 들을 때마 다 가슴이 저려온다. 또 두뇌가 풀가동된다. 아이의 말이 하루 종일 떠나 지 않는다. 직장에서 아이의 말이 계속 떠올라 미안함이 엄습해와서 종 일 신경이 쓰인다. 평소에 안부전화 한 번 하던 것을 2~3번 더 하게 된 다.

박경림의 저서 『엄마의 꿈』에 적용된 사례이다.

"순간순간 아이와 직장의 두 갈림길에서 줄타기를 해야 했어요. 이 선택의 기로에 섰을 때 가장 중요한 것은 내가 무엇을 할 때 행복한지 아는 거예요. 아이의 마음과 미래도 정말 중요하지만 내가 의지를 가지고 해나갈 수 있는 것이 과연 무엇인지 진지하게 생각해보면 좋겠어요."

나는 일을 할 때 조금 더 자유로움을 느낀다. 무엇보다 경제적인 이유가 제일 크지만 말이다. 일과 육아 중 선택하라면 나는 일을 선택할 것이다. 일에 대한 욕망이 더 크다. 물론 일할 때 순간순간 자존심이 무너지고 회의감이 든다. 하지만 일할 때 내 정체성이 드러나고 내가 살아 있다는 생동감이 더 크게 느껴진다. 집에서 아이들 공부도 봐줘야 하고 건강도 챙겨야 한다. 하지만 나는 일할 때 조금 더 내 존재가치가 느껴진다. 이것이 삶의 위기와 고비 앞에서도 일을 놓지 않았던 이유이다.

아이가 유치원 시기 때는 정말 많은 보살핌이 필요했다. 수시로 아이들이 열이 나고 아팠다. 첫째 아이가 유치원 5살 때였다. 정말 듣도 보도 못한 '가와사키'란 병에 걸렸다. 온몸을 뒤덮은 빨간 두드러기가 올라오고 며칠째 고열이 났다. 우리 부부는 음식을 잘못 섭취해서 생긴 일인 줄 알았다. 여기저기 동네 병원을 전전긍긍하며 진료를 받았다. 하지만 약을 먹어도 고열이 떨어질 기미가 보이지 않았다.

심각성을 인지하고 대학병원으로 달려갔다. 의사가 보자마자 '가와사키'라며 진단했다. 말이 떨어짐과 동시에 병원에 바로 입원을 해야 했다. 가와사키란 병은 아주 위험한 질병이다. 열이 쉽게 떨어지지 않는다. 혹 피가 나면 묽게 해 잘 멈추지 않는다. 합병증으로 심장에 큰 영향을 준다고도 한다. 일주일 넘게 병원에 입원해 치료를 받고 한 달 후 심장에 나쁜 영향을 끼치지는 않았는지 심전도 검사를 비롯하여 여러 가지 기능 검사를 받아야 했다. 더 황당하고 힘들었던 것은 큰아이가 퇴원 후 집에 돌아왔는데 둘째 딸아이가 토하고 장염에 걸려 있었다. 이 상황이 너무 어이가 없어 넋 놓고 울었던 기억이 있다. 그 당시엔 정말 도망치고 싶었고 애고 뭐고 다 포기해버리고 싶었다.

건강하게 태어나지 못한 둘째 딸아이보다 첫째의 병치레가 더 심했다. 초등학교 1학년 때 중이염으로 수술도 몇 차례를 해야 했다. 몇 년이 지난 지금도 중이염이 완전히 회복된 상태가 아니다. 귀의 고막 사이에 동그란 큐브를 삽입한 상태이다. 1년에 2~3번씩 정기검진을 꼭 받고 있다. 이 시기엔 일을 당장 포기하고 아이들 케어에 힘쓰고 싶었다. 다 나 때문에 아이들이 아픈 것 같았다. 엄마가 아이를 잘 돌보지 않아서, 잘 살피지 않아서, 제대로 영양 섭취를 못 해서, 모든 아픔이 나로 기인한 것 같았다. 크게 잘못 살고 있는 것 같았다. 다른 워킹맘들은 일도 육아도 잘해내는 것 같은데 나만 어느 것 하나도 능숙하게 해내지 못하는 것 같은 죄책감에 헤어 나오지 못했다.

김창옥 강사는 유튜브에서 이렇게 전한다.

"가끔 너무 지치고 슬픔이 밀려올 때가 있어요. 그런데 생각해보면 나에게 주어진 삶의 무게 때문에 내가 지금껏 이렇게 잘 살아가고 있구나 싶어요. 아등바등 책임을 다하며 살려는 노력이 지금의 저를 성장시킨 동력이었던 거죠."

이 소중한 말이 폭풍 치는 마음을 잔잔하게 만들어주었다. 내 옆에서 친구가 되어 동행하는 느낌이 들었다. 나를 충분히 애쓰고 있다고 안아주며 토닥여주는 것 같았다. 8년이 지난 지금 첫째는 초등학교를 졸업하고 중학생이 된다. 둘째는 초등학교 5학년이 되었다. 이 힘든 시기를 잘 견뎌준 아이들이 무척 고맙게 느껴진다. 역으로 생각하기로 했다. 내가 겪는 이 모든 삶의 조각이 인생의 여정 속 소소한 이벤트라고. 현재를 충실히 살아가고 있다는 증거이기도 하다. 순간순간의 고비를 지나니 내 걱정과는 달리 아이들은 잘 성장하고 있다. 불행이라고 생각하지 않기로 했다. 현재의 기쁨과 행복에 몰입하려고 노력한다. 걱정과 불안의 시선을 거둬들이고 여자에서 엄마가 되기 위한 성숙한 '성장통'이라고 겸허히 받아들기로 했다.

07

타인의 잣대에서
벗어나다

"인간은 사회적 동물이다."

아리스토텔레스의 말이다. 인간의 특성을 설명한 표현이다. 인간은 개
인적으로 있어도 홀로 살 수 없으며 사회를 형성하여 끊임없이 다른 사
람과 상호작용하면서 관계를 유지하고 어울림으로써 존재를 확인하는
동물이다. 이렇듯 사람은 수많은 타인과 관계 속에서 살아간다. 직장에
서의 관계, 가족, 이웃, 친구들과의 인연, 수많은 관계의 연결고리에 묶

여 살아내고 있다. 나는 스스로에게 가끔 물었다.

'너 지금 행복한 삶을 살고 있다고 생각해?' 답은 항상 '아니다'였다. 늘 사회가 그어놓은 한계선에 나를 맞추기에 바빴다. 사회가 바라는, 사회가 제시하는 잣대에 늘 끼워 맞추기 바빴다. 고로 나는 존재하지 않았다. 사회, 직장에서 바라는 내가 존재할 뿐이었다. 나는 남에게 잘 맞춰주는 사람이다. 나는 요구하거나 주장하지 않는다. 사람들은 양보를 잘하고 배려심이 있다고 한다. 천만의 말씀이다. 남을 위해서가 아니라 나를 위해서, 남에게 밉보여 눈 밖에 나지 않기 위해서였다. 입 안에 혀처럼 굴어야 남들이 좋아하기 때문이었다.

그래서 남의 평가에 늘 기대어 살았다. 칭찬을 갈구하고 혼나는 것을 두려워했다. 지적받지 않기 위해, 남에게 잘 보이기 위해서 살았다. 좋은 평가를 받으려면 말을 잘 듣고 시키는 일을 잘해야 한다. 그러면 머리를 쓰다듬어준다. 여기에 길들고 맛들이면 시키지 않은 일도 찾아서 한다. 말하지 않은 것도 의중을 헤아려 갖다 바친다. 그러면 윗사람이 '말이 통하는 친구'라고 칭찬해준다. 하지만 정작 나 자신은 양심을 잃어간다. 양심은 스스로 평가하는 사람에게나 있는 것이다. 내 평가를 남에게 위탁

하고 살면 양심은 필요 없다. 이렇게 나는 남의 눈으로 세상을 보며 살았다. 나만의 관점, 시각, 해석이 없었다. 반박하는 것은 꿈도 꾸지 않았다. 늘 묻어가고 따라갔다. '내 생각은 그렇지 않은데요? 그건 맞지 않다고 생각합니다.' 같은 말에서 느껴지는 정의감? 언감생심이다. 나는 여태껏 눈칫밥만 먹는 눈치꾼으로만 살아왔다.

10년 넘게 직장생활을 하면서 인정받기 위해 끊임없이 노력했다. 선배 선생님들에게 능력 있다고 칭찬받고 싶었고, 특별한 교사로 인정받고 싶어 했다. 동료들에게는 동료애, 배려가 있는 사람으로 비치고 싶었다. 학부모님들께는 친절한 교사로 비치기를, 유아들에게는 좋은 선생님, 따뜻한 선생님으로 남아 기억되기를 원했다.

그래서 늘 다른 동료 교사들과 비교했다. 유치원 교사는 해마다 동료 장학을 한다. 동료장학은 동료 교사들 간에 상호협력을 토대로 서로의 전문성 향상을 도모하고 동료 교사에 대한 존중과 교사의 직무에 대한 자신감과 자기계발에 대한 동기를 함양하기 위한 활동이다. 간단히 말해 자신이 계획한 수업을 원장과 동료 교사들에게 공개하는 수업이다. 교사로서 제일 부담되는 업무라고 할 수 있다.

공개 수업 후 교사들 간의 협의회가 이루어진다. 내 수업에 대한 의사 교환과 피드백을 받는다. 내 수업에 대해서 저평가가 이루어질까 봐 수업이 끝나도 긴장의 연속이다. 고경력 교사임에도 불구하고 내 수업에 대한 자신이 없었다. 유아들과 이야기 나누기에서 자신이 없었다. 집중력이 짧은 유아들을 20분 이상 되는 수업시간에 집중시키면서 학습 목표에 맞게 전개해나가는 것이 어려웠다.

협의회는 냉철한 평가보다는 긍정적인 평가를 한다. 아쉽다고 생각되는 부분은 본인의 경험 사례와 함께 더 좋은 아이디어로 격려를 해주신다. 물론 감사하다. 하지만 내 부족한 면을 알고 있기에 위로가 되지 않는다. 상대적으로 타 동료 교사의 질 높은 평가가 이루어질 때면 나도 모르게 축하보다는 내면 깊숙이 자리 잡은 질투심이 스멀스멀 올라오는 것을 발견한다.

살면서 가장 짐이 되는 마음은 나도 사회에서 인정받는 정도의 삶을 살아야 하는 것이었다. 남이 보면 부러워할 만한 삶을 사는 것이었다. 그래서 위만 쳐다보았다. 나보다 평가가 좋은, 소위 사회에서 인정해주는 성공한 사람들의 삶만 바라보았다. 그래서 늘 내면에는 자격지심과 비교의식이 똘똘 뭉쳐 나를 놓아주지 않았다. 내 한계를 나 스스로 그어놓았다.

사회가 그어놓은 잣대에 어긋나면, 그 기준을 충족시키지 못하면 패배한 삶을 사는 것 같았다. 스스로를 틀 안에 가두고 살면서 나를 힘들게 했다. 그리고 비정규직 교사로 10년 가까이 생활하면서 상대적 박탈감으로 힘들어했다. 나는 늘 '을'이란 잠재의식에 갇혀 지냈다. 교장 선생님께 인사를 했는데도 안 받아주면 '나를 비정규직이라 무시하는 건가? 정교사와 차별하는 건가?'라는 의식으로 스스로 주눅이 들었다.

『러브 유어 셀프』 저자 로렌스 크레인의 말이다.

"타인의 시선이라는 건 존재하지 않는다. 타인의 시선을 의식하는 나만 존재할 뿐이다. 이제 우리 타인의 시선에서 자유로워지자, 그 대신에 내가 나를 잘 돌보아주자."

대부분의 사람은 타인에게 관심이 없다는 걸 깨닫는다. 내가 무엇을 하든지 그다지 관심도 없거니와 신경도 안 쓴다. 오로지 나만이 남의 시선을 두려워한다. 이젠 타인이 그어놓은 잣대를 지워버리려 한다. 그 잣대에서 벗어나 자유로워지려 한다. 자신을 사랑할 시간도 턱없이 부족한 나날이다. 타인의 시선과 기준이 아닌 나만의 시선과 기준을 세워 나를 사랑하려 한다. 내가 지금 소유하고 있는 것에 감사하려 한다.

책이 주는 통찰력으로 이젠 눈치 보기, 비교하기, 자학하기가 아닌 가슴을 활짝 펴고 나답게 살아가기 위한 연습을 하고 있는 중이다. 더는 투명인간처럼 살고 싶지 않다. 그저 말 잘 듣고 순응하며 비위 맞추며 살기 싫다. 타인의 잣대가 아닌 내 기준으로 살아가려 한다. 인생은 너무 애쓰지 않아도 잘될 수 있고, 그런 인생을 산다고 해서 아무도 비난하지 않는다. 세상의 시선에 신경 쓰지 않겠다고 결심해야 한다. '다른 이가 어떻게 생각할까?'라고 고민할 필요도 없다. 다른 이를 신경 쓰기 시작하면 나만 괴로울 뿐이다. 내 자신의 의견을 먼저 존중하겠다고 결정하면 세상의 시선이 어떻든 신경 쓰지 않을 수 있다.

4장

평생 지속 가능한
독서 습관 만들기

01

독서를 우선순위에
놓아라

흔히 사람들은 입버릇처럼 "너무 바빠서 책 읽을 시간은커녕 잠잘 시간도 없다."라고 말한다. 나는 진심으로 이런 말을 하는 사람들을 한 명씩 면담하고 싶다.

그리고 물어보고 싶다.

"책 읽을 시간은 없고 핸드폰하고 유튜브 볼 시간은 있나요? 게임할 시간은 있고요?"

당신이 바빠서 책 읽을 시간이 없다는 것은 독서를 하루 일과 중 우선순위에 두지 않고 있다는 뜻이다. 우선순위로 인식하면 바빠도 반드시 읽게 된다.

이제 막 연애를 시작한 커플로 예를 들어보자. 둘은 하루하루를 서로에게 집중한다. 어떤 바쁜 일이 있더라도 서로 연락을 취하려 한다. 천재지변이 일어나거나 휴대전화 배터리가 나가지 않는 한 말이다. 아니 설사 그러한 일이 일어나더라도 어떻게든 그 상황을 극복하여 상대방에게 연락을 취한다. 그 사람이 우선순위에 있기 때문에 용기도 생기고 해결책도 생긴다. 이처럼 하고자 마음만 있으면 당신은 없던 시간도 뚝딱 만들어낼 수 있다.

책 읽을 시간이 없다고 투덜거리는 당신은 책이 우선순위가 아니다. 모든 할 일을 하고 나서 남는 시간에 책을 읽으려고 하기 때문에 항상 시간이 없다. 정확히 말하면 당신은 시간이 없는 게 아니라 책에 할애할 마음이 없는 것이다. 한마디로 책에 무관심하고 애정이 없다. 아무리 바빠도 하루에 한 끼 밥 먹을 시간, 화장실 갈 시간은 있다. 24시간 중 우리는 단 몇 시간이라도 수면을 취하지 않으면 제대로 생활할 수 없다.

24시간의 필수이자 우선순위에 있는 목록들을 살펴보자. 시간이 없다고 하기 전에 우리가 하루에 얼마나 카카오톡 메시지를 주고 받는지 생각해보자. 매주 방영하는 재미있는 드라마가 시작하기 5분 전에 우리는 이미 TV 앞에 있다. 책은커녕 글 한 줄 읽을 시간이 없이 매일 바쁜 우리는 친구가 만나자고 하면 무조건 오케이 사인을 보낸다. 그리고 나의 처지를 비관하고 상사를 험담하며 커피를 마시며 수다를 떨고 있다.

독서를 우선순위에 두기 전까지는 인간관계에 엄청 집착을 했다. 일과 육아, 시험에 지친 마음을 인간관계에서 풀려 하였다. 집착하면 집착할수록 악순환만 계속될 뿐이었다.

어느 누구가 뭐라 해도 지금 나의 우선순위는 책 읽기다. 처음부터 우선순위에 책 읽기 목록은 없었다. 우선순위 자체에도 없었다. 그냥 물 흘러가는 대로 아무 생각 없이 시간을 보냈다. 책을 만나기 전까지는 말이다. 아침에 늦게 일어나 아이들 끼니 챙겨주고 어김없이 천근만근 몸을 이끌고 출근한다. 직장에서 에너지를 다 소진하고 오면 집에 와서는 소파와 한몸이 된다. 이런 쳇바퀴 돌듯 무기력한 삶이 계속되었다.

어두운 터널에서 나올 수 있도록 한 줄기 빛이 되어준 책을 우선순위에 둔다. 책이 주는 통찰력과 지혜, 깨달음, 진리, 행복, 공감, 위로, 위안을 매일 체험하고 있다. 새벽 4시 또는 4시 반 정도에 일어나 몰입독서를 실천한다. 새벽에 일어나 책을 읽고 짧게 필사하며 글을 쓴다. 책을 펼쳐 몰입해서 읽다 보면 어느새 출근 시간이 성큼 다가와 있다.

나는 내 노력과 한계가 어디까지인가를 실험해보고 싶었다. 책을 읽고 쓰기 전 나는 출근하기 싫다고 이불 속에서 뭉그적거리다가 헐레벌떡 출근했다. 부정적인 생각은 할 일을 미룰 때 어김없이 나타나 이렇게 속삭인다.

'아 오늘은 또 유치원에서 어린아이들과 어떻게 하루를 보내지?'
'막막하다.'
'출근하기 정말 싫다.'

부정적인 생각과 마음은 부정적인 기운을 끌어온다. 그렇게 우울해하며 부정적인 생각으로 시작한 날은 어김없이 바쁘고 일에 대한 회의감이 한없이 밀려왔다. 책을 읽고 쓰고부터는 출근 전까지 할 일에 몰두한다. 출근하기 싫다고 생각할 틈도 없고, 책 읽기에 꾸준히 몰입한 집중력이 근무까지 이어진다.

나는 원래 워낙 덤벙대고 잘 잊어버리는 성격이다. 하지만 독서를 실천하고 나서는 이런 일이 많이 줄었다. 책을 읽고 쓰면서 시간적 여유가 없어진 것이 아니라, 하루 24시간을 버리는 시간 없이 알차게 보내면서 많은 일들이 가능해졌기 때문이다. 항상 계획하고 적거나 메모하는 습관이 길러지다 보니 놓쳐서 번거로워진 일들이 많이 줄어들었다.

이렇게 확보된 알짜배기 시간과 근무시간 외 자투리 시간을 모아 책을 읽고 쓴다. 이는 계속 돌고 돌아 선순환되고 있다. 책을 읽기 때문에 여유 없이 바쁜 것이 아니라 책을 읽기 때문에 내실 있게 바쁜 것이다. 또 무엇보다 좋은 점은 잡념이 없어진다는 것이다.

영국의 정치인이자 작가 처칠은 이렇게 말한다.

"쓸데없는 생각이 떠오를 때는 책을 읽어라. 쓸데없는 생각은 비교적 한가한 사람들이 느끼는 것이지 분주한 사람이 느끼지 않는다. 한가한 시간이 생길 때마다 유익한 책을 읽어 마음의 양식을 쌓아야 한다."

독서를 우선순위에 두면 사소한 것에 신경 쓰지 않는다. 매 시간 해야 할 일이 있고 하루에 해야 하는 나만의 일들이 있기에 잡생각이 끼어들 틈이 없다. 오로지 일에 집중하게 된다.

나는 그동안 인간관계에 집착이 심했다. 힘든 일이 있거나 어떤 일에 집중하지 못할 땐 무조건 사람을 만나 수다로 풀어야 했다. 만나지 못하면 전화라도 했다. 마음속 응어리를 어떻게든 풀어야 했다. 그렇지 않으면 잠을 못 잔다. 지인들은 내가 너무 자주 전화해 푸념을 늘어놓았으니 무척 귀찮았을 것이다.

하지만 지금은 다르다. 책을 통해 이 어려움들을 해결한다. 요즘은 지인이나 형제들이 나에게 문자나 톡을 한다.

"잘 지내? 너무 연락이 없어 궁금하다."

나는 이제 인간관계에 절대 집착하지 않는다. 나의 우선순위인 친구, 바로 책이 있기 때문이다. 독서를 우선순위로 하는 긍정적으로 바쁜 이 느낌은 어떤 일이 갑자기 주어지거나 번거롭게 됐을 때도 긍정적으로 생각하며 해결책을 찾는 행동으로 이어진다. 주어진 일을 새로운 경험으로 받아들이며 집중력 있게 임하게 된다. 독서를 우선순위로 실천하는 하루하루는 뭐든 못 할 것이 없다는 긍정적인 마인드를 갖게 한다.

02

틈새 독서로
항상 책과 동행하라

"오늘은 당신이 다른 사람들을 위한 희망과 등대가 되고자 결심한 날이다. 밝게 빛나라. 메시지를 나누어라. 변화를 일으켜라. 메신저로 살아갈 새로운 문 앞에 선 당신의 건승을 빈다."

『메신저가 되라』의 저자 브랜든 버처드의 말이다.

나는 항상 책을 1~2권 정도, 때에 따라서는 3~4권 정도 가지고 다니기 때문에 작은 가방을 멜 수가 없다. 어깨에 메는 숄더백이다. 그래서 늘 어깨가 아프기도 하다. 난 가방을 가볍게 다녀본 적이 없다. 임용고시 준비할 때도 그랬다. 틈만 나면 전공 과목과 누리 과정 지침서 내용을 외워야 했기에 책 2권은 매일 들고 다닌 셈이다. 책이 없는 가방은 앙꼬 없는 찐빵인 셈이다. 모든 여자들의 필수품인 화장품과 파우치를 전혀 찾아볼 수가 없다. 책표지가 지저분하고 인덱스가 붙여진 책과 볼펜 등 필기구가 있다.

언제 어디서나 자투리 시간이 생길지 모르기 때문에 책 볼 여유가 없다고 생각되는 날에도 항상 책 한 권을 가지고 간다. 버스를 기다릴 때도 작은 소책자를 꺼낸다. 커피숍에서 지인과 약속을 기다릴 때도 책을 펼친다. 예전 같았으면 가게 안의 텔레비전이나 시청하고 스마트폰을 만지작거리며 아무 생각 없이 넋 놓고 기다렸을 텐데 이젠 그 시간도 아깝게 느껴진다. 그때 가방 안의 책을 꺼내 읽는다. 기다리기까지 시간이 전혀 지루하지 않다.

직장에서 점심 식사 후 30분 정도 휴게시간이 주어진다. 평소 같으면 인터넷 서핑이나 동료들과 연예인 얘기 등 엑기스 없는 이야기로 꽃을 피웠을 것이다. 하지만 지금은 독서를 한다. 어떤 때는 주위 상황이 너무 시끄럽거나 독서 분위기가 조성이 안 될 때는 화장실에 가서 책을 본 적도 있다. 지적 호기심과 내면을 채우고 글을 쓰는 작가가 되기 위해서는 필수 조건이라 생각된다. 퇴근 후 집에서는 아이들과 남편, TV 소리, 딸아이 피아노 소리 등 잡음 때문에 집중하기가 너무 힘들다. 그래서 최대한 휴게시간 30분을 온전히 독서로 채우기 위해 안간힘을 쓰고 있는 중이다.

그리고 유치원 아이들이 귀가하고 교실 청소 후 교구 정리를 한 뒤 밀린 업무를 하면 퇴근 진까지 30분 정도의 여유시간이 주어진다. 나는 또 이 시간을 놓칠까 봐 몰입독서를 한다. 또 이 30분의 몰입은 짜릿하며 충만함으로 채워진다. 즐거운 퇴근시간으로 이어진다. 그러면 짜증나고 힘들었던 저녁시간이 즐거워진다. 흥얼거리며 저녁을 차린다. 그리하면 화목한 가족 분위기로 이어진다. 예전에는 집으로 출근하는 기분이었다. 하지만 지금은 다르다. 마음가짐부터가 달라졌다.

저녁을 준비하다가도 찌개가 끓는 중간에도 나는 책을 읽는다. 책 그 다음 내용이 궁금해서 미칠 지경이다. 순간 내가 이렇게 책 읽는 것을 좋아 했나 하는 의구심이 들 정도다. 예전에는 찾아볼 수 없는 모습이었다. 나도 내가 놀랍다. 책에 이렇게 푹 빠져 지내는 모습을 대할 때면 독서는 나의 많은 것을 변화시키고 있었다.

주말의 시간 활용법은 평일과 조금 다르지만 평일의 패턴을 유지하려 애쓴다. 주말도 이 패턴을 놓치지 않으려 노력한다. 주말에는 6~7시 사이에 기상한다. 6~8시 사이에 책을 읽으면 제일 먼저 막내 딸아이가 눈을 뜬다. 그다음 아들과 남편이 일어난다. 모두 기상을 하면 그때부터 아침 준비를 한다. 아침을 먹고 밀린 집안일을 하고, 아이들과 캠핑이나 나들이를 간다. 나는 캠핑 갈 때도 책 1~2권을 챙긴다. 예전 같으면 책 챙길 생각은 1도 없었다. 이젠 책의 묘미를 알았기에 책 챙기는 일은 나의 일상이 되었다. 캠핑이나 나들이 갈 때 너무 아이들과 신나게 뛰어놀다 보면 책을 못 펼칠 때도 있다. 하지만 아이들과 신나게 자전거를 타거나 놀이 후 휴식 시간을 갖는다. 그때 나는 텐트 안 돗자리에 누워 책을 펼친다. 캠핑 텐트 안으로 들어오는 강바람과 산들바람을 벗삼아 책을 읽는다. 남편이 사다준 아메리카노는 책에 몰입하도록 향기를 더해준다. 이 모습을 놓칠까 봐 스마트폰으로 찍어 남겨둔다. 그리고 블로그에 사진과 함께 캠핑 모습을 포스팅한다. 텐트 앞 산과 강이 배경이 되고 텐트 안의 책과 커피는 멋진 포스팅 자료가 되어준다.

그리고 2년 전 제주도에서 한 달 살기를 할 때였다. 직장인 학교 유치원이 공사로 인해 한 달 동안 쉼을 가질 수 있는 계기가 있었다. 야심차게 한 달 살기를 결심했다. 지금 생각해도 너무 행복한 시간이었다. 제주에서의 아이들과 평생 잊지 못할 추억을 듬뿍 담을 수 있었기 때문이다. 시간이 허락한다면 제주에서 1~2달 살기를 꼭 추천한다. 제주에서 한 달 살기를 할 때 빼먹지 않은 일이 있었다. 바로 아이들과 도서관에서 가서 책을 읽었다. 감사하게도 숙소가 서귀포 강정동이었다. 서귀포 도서관이 걸어서 7분 거리에 있었다. 그래서 아이들과 오전에는 도서관에서 책을 1~2권 읽은 후 제주도의 명소를 들러보았다.

제주도의 날씨는 변화무쌍했다. 갑자기 비가 막 쏟아지다가 바람이 불다가 해가 났다가 가늠하기 힘든 날도 있었다. 이때가 여름이었는데 비가 2~3일 온 날도 있었다. 이런 날은 제주의 명소를 체험하기 힘들었다. 이런 날은 아이들과 도서관으로 향했다. 도서관으로 향하다가 바람이 거세게 불어 우산이 뒤집어진 날도 있었다. 하지만 이런 경험도 아이들에겐 잊지 못할 소중한 추억이 되었다. 제주도 도서관은 분위기가 다르다. 이런 도심 지역 못지않게 책의 종류가 정말 다양하게 잘 구비되어 있었다. 제주도서관에서 파는 음식은 또 왜 이렇게 맛난지 똑같은 떡볶이, 김밥과 라면이었는데도 더 맛나게 느껴졌다. 먹는 재미, 책 읽는 재미가 더해져 시간 가는 줄 몰랐다.

모든 일은 시행착오를 거치면서 완성된다. 나도 처음부터 시간을 이렇게 알뜰하게 활용한 것은 아니다. 실패와 실패를 거듭하면서 차곡차곡 쌓인 습관이 나만을 위한 하루 3시간을 만들었다. 만약 아무리 노력해도 하루 3시간의 틈새 독서 시간을 만들기 어렵다면 실현 가능한 시간을 목표를 조정해도 괜찮다.

『아주 작은 반복의 힘』의 저자 로버트 마우어 박사는 이렇게 말한다.

"목표를 달성하는 유일한 길은 작은 일의 반복이다."

너무 거창한 목표를 세워서 하루만 지키기보다, 작은 목표를 세워서 일주일 동안 지키는 게 더 소중한 경험이라는 것이다. 이렇게 작은 성공을 반복하다 보면 자신감이 쌓여 더 큰 목표에 도전할 수 있게 된다.

당장 눈이 가는
책부터 읽어라

마크 트웨인은 이렇게 말했다.

"앞서가는 비밀은 시작하는 것이다. 시작하는 비결은 복잡하고 어려운

일을 관리하기 쉬운 작은 조각으로 나누고, 가장 첫 번째 조각에 덤벼드

는 것이다."

너무 가슴에 와닿고 멋진 말이어서 필사노트에 크게 네임펜으로 적어

놓은 문구이다. 어떤 시작이든 항상 두렵다. 내가 경험해보지 않았기에 어떤 상황이 내 앞에 펼쳐질지 기대감이나 설렘보다는 두려움과 걱정이 앞선다. 하지만 나는 이 문구를 가슴에 새기고부터는 뭐든지 발부터 들여놓는다. 조금 무식하게 시작하는 편이다. 워킹맘으로 생활하면서도 임용고시에 달려들었고, 지금 책 출간을 위해 원고 쓰는 일에도 도전했다. 일하며 육아하며 책까지 집필하려니 영혼이 가출 직전이다. 하지만 목차 하나씩 차곡차곡 완성해가는 뿌듯함은 이루 말할 수가 없다. 몸 피곤한 것 빼고는 이 과정이 너무 행복하다. 순항 중이다.

내 블로그 서평 댓글에 "어떤 책으로 시작해야 할까요?"라고 묻는 이웃이 있었다. 나는 대답했다. "어떤 장르라도 좋아요. 제목이든, 표지든 마음이 가는 책부터 집어 드세요."라고 댓글을 남겼다.

한마디로 말해 정답은 없는 듯하다. 단순히 표지가 끌리든 저자 프로필을 보고 관심이 생기든 그저 마음이 가는 책을 집어 들면 된다. 지금 내 생활과 전혀 관련이 없는 분야라도 상관이 없다. 지금 당장 여행 계획이 없어도 여행 관련 책이 끌린다면 보면 된다. 막상 잡은 책이 글이 적고 그림만 잔뜩 있는 책이라도 좋다. 중요한 건 머뭇거려서는 안 된다는 것이다. 일단 마음이 끌리는 한 권의 책을 잡는 것이 중요하다. 당신은 시작을 하는 것이지 결과를 내야 하는 단계가 아니다. 지금은 워밍업 단계이기 때문에 책 읽는 생활을 꾸준히 지속해나가는 것이 목표가 되어야 한다. 나에게 맞는 책을 선택하는 몇 가지 노하우이다.

마음이 가는 책을 잡되 시작은 현재의 상황과 관련되어 집중할 수 있는 책이 좋다. 나는 신규 교사일 때 역경을 극복한 사람들의 스토리만 골라 읽었다. 나보다 더 힘든 사람들이 이겨낸 과정들을 읽으며 나만 힘든 것이 아님을 인식했다. 그리고 비로소 내 상황에만 편중되었던 좁은 시야에서 벗어나 주변을 둘러보게 되었다. 10권 정도를 읽자 마음이 크게 동요되고 가슴 깊은 곳에서 뜨거운 무언가가 느껴졌다. 이 상황을 극복할 수 있는 해결책에 도움이 되는 책들을 자연스럽게 찾기 시작했다.

예를 들어 긍정적인 삶의 태도를 갖게 하거나 자기 암시로 부정적인 나를 바꾸는 그런 책들이었다. 이런 책들을 또 몇 권이나 편식하면서 몰아치듯 읽으니 이제는 직장생활이나 인생에서 필요한 처세에 관한 책들이 눈에 들어왔다. 이런 식으로 처음에는 한 방향에 치우치더라도 그 분야를 독파하면 새로운 시야가 생기고 점차 범위를 다양하게 넓혀갈 수 있다. 상황에 맞는 시작이 또 다른 시작을 낳고 계속 이어갈 수 있게 하는 것이다.

첫 시작을 하기에 앞서 크게 좋아하는 장르가 없거나 특별한 상황에 있지 않다면 동기 부여가 되는 책을 사는 것도 좋은 방법이다. 지식이나 정보를 얻는 것도 좋지만 처음에는 가슴을 뜨겁게 만드는 것이 필요하다. 동기 부여가 되는 내용이나 지지가 되는 책들은 긍정적으로 변하고자 하는 의지를 불러일으킨다. 이는 꿈을 꾸고 이루는 데 필요한 재료, 독서의 방향과 상통한다. 약속이 있어 책을 들고 다니기 힘든 상황이 아니라면 책을 살 때는 의식적으로 한 권 이상 살 것을 권한다. 한 권만 사면 가벼운 무게만큼 읽을 시간이 많은 것처럼 느껴진다. 이런 경우가 사기만 하고 3일 안에 꺼내들지 않을 가능성이 높다. 하지만 2~3권을 한꺼번에 산다면 묵직한 무게감이 좋은 압박이 되어 3일 안에 책을 읽을 가능성이 높아진다. 게다가 자연스럽게 각기 다른 분야의 책을 고를 수 있게 되면서 다채로운 독서를 시작할 수 있다.

처음부터 다양한 책을 읽으려고 애쓰지 말자. 마음이 가는 분야의 책을 계속 읽어도 된다. 지금은 나와 맞지 않는다고 생각되는 분야나 눈에 전혀 들어오지 않는 장르라도 점차 독서의 고수가 되면 상황이 달라진다. 처음에 한 장르에 편중된 독서는 점차 양을 더해가면서 자연스럽게 다른 장르와 분야로 그 흐름이 옮겨진다. 또 다른 분야의 양이 어느 정도 달성되면 시야가 넓어지고 생각과 의식의 크기가 커져 다시 새로운 분야에 관심이 가게 된다. 이것은 독서의 양이 쌓일수록 점점 반복된다. 또한 독서가 지속될수록 생소하거나 어렵다고 멀리했던 책에서도 자기에게 필요한 것을 가져올 수 있는 안목과 시야가 생기면서 새롭게 도전하고픈 욕구가 생긴다.

내 경우가 그렇다. 『N잡 하는 허대리의 월급 독립스쿨』, 『게으르지만 콘텐츠로 돈은 잘 법니다』 책을 읽을 때였다. 직장생활의 회의와 한계를 느낄 때 직장을 당장 그만두고 싶은 마음이 간절할 때 이 책을 접했다. 이 책이 주는 메시지는 신선했다. 16년의 경력이 무색하게 일하고 있는 8시간 풀타임의 대가는 겨우 수당을 합해 200 정도의 월급이다. 결혼하기 전 8년차의 경력 때도 150 정도는 받았는데, 아이를 낳고 다시 취업해 그 후 8년이 지난 지금 이제 겨우 200 정도의 페이를 받는다. 감사해야 할까? 정교사 2급, 1급 자격증이 있음에도 불구하고 나는 경력을 전혀 인정받지 못하고 있다. 그래서 경력을 인정받는 정교사가 되어 월급만이라도 제대로 받고 싶었던 것이다. 이제는 치열함의 끝은 아무결과도 얻지 못한 채 허무하게 끝이 나버렸지만 말이다.

그래서 한 살이라도 어릴 때 나는 노후를 대비해 파이프라인을 조금씩 구축해가고 싶었다. 그것이 나의 살길이고 앞으로 나아가야 할 방향이라고 책에서 제시해주었다. 그래서 블로그를 시작으로 브런치, 전자책에 이어 종이책에도 도전하게 된 계기이기도 하다. 관심이 있고 재미가 있어서 계속 읽는 책이 지금 당신의 책이다. 유달리 손에 계속 잡히는 책이 당신이 이루고자 하는 꿈의 방향이다. 나는 실천하고자 하는 동기 부여를 해주고 지금의 나를 발전시켜줄 수 있는 책을 기준으로 읽어야 할 책들을 선택했다. 또한 책을 읽기 전 무의식적으로 계속 다짐하고 상상했다. 이 책을 읽으면 나는 지금 훨씬 나아질 거라고. 독서를 하면 할수록 자연스럽게 다른 분야에도 관심이 생겨 점차 영역을 넓혀갔다. 독서를 통해 의식이 성장하자 책을 쓰고 싶다는 생각이 들었다. 이것이 본격적인 꿈의 시작이 되었다.

꿈을 이루기 위해 점차 독서의 레벨을 올리며 치열하게 책을 썼다. 시작은 편향되었으나 지금은 책 쓰기에 도전하는 단계까지 이르렀다. 몰입해서 독서하다 보니 레벨이 이 정도에 도달하면 자신의 책을 쓰기 위해서라도 다양한 분야의 책을 섭렵하게 된다. 편식하던 아이가 여러 영양소의 중요성을 깨닫고 다양한 음식을 먹기 시작하는 것처럼 말이다.

『서른 살 직장인 책 읽기를 배우다』에 구본준 씨가 전 문화부장관 이어령 교수와 인터뷰한 내용이 나온다. 이어령 교수는 이렇게 말했다.

"책을 읽다가 내팽개치는 책들이 있어요. '이런 것도 책이냐? 시간이 아깝다'라고 말하는 책들인데 사실은 그런 데서 배우는 거예요. 피카소의 그림을 처음 보면 이상하죠. 그런데 그런 그림을 계속 보고 난 다음에는 오히려 사실주의의 그림이 오히려 식상해 보이게 돼요."

시작은 편식이도 좋고 과식이어도 상관없다. 다시 말하지만 계속 책을 손에 잡으려는 당신의 의지가 가장 중요하다. 그리고 그 축적되는 양 속에서 양질을 구축하는 것도 중요하다. 변하려는 의지도 중요하고, 이 책을 읽기 전보다 더 나은 자신이 될 것이라고 열린 마음으로 시작하는 것이 중요하다.

04

나만의 책 고르는
7가지 방법

"오늘의 나를 있게 한 것은 우리 마을의 도서관이었다. 하버드 졸업장

보다도 소중한 것이 독서하는 습관이다."

빌 게이츠의 말이다.

내가 읽은 책은 내가 되기 때문에 책을 고르는 것은 중요하다. 읽어야

할 책, 읽지 말아야 할 책을 구분했다면 이번에는 자신만의 책 고르는 법

을 만들어야 한다. 독서는 책을 고르는 것부터 시작된다. 나는 처음 독서를 시작했을 때 씨앗 독서『독서천재 홍대리』에서 추천해주는 책을 구매해서 읽었다. 그리고 온라인 서점에서 그 책과 관련된 추천 도서를 사서 읽기 시작했다.

먼저 오프라인 서점에서 나만의 책을 고르는 방법이다. 다양한 책을 읽으면서 나만의 책 고르는 법을 터득하게 되었다.

책을 고를 때 중요한 것은 첫째, 제목과 표지이다. 사람의 첫인상, 겉모습이 중요하듯이 책의 표지도 사람들에게 많은 인상을 준다. 여기에 현혹되면 안 되지만 일단 눈길을 끄는 것이라면 책을 꺼내어보자. 책 표지를 볼 때 내 가슴을 울리는 문구, 내가 이 책을 사야겠다는 마음이 드는 문구가 있는지 살펴본다.

둘째, 책의 표지와 제목이 마음에 들었다면 목차를 살펴본다. 그다음 프롤로그를 읽어본다. 목차에서 내가 필요로 하는 내용이 있는지 찾아본다. 그리고 그 페이지를 읽어본다. 나에게 도움이 될 만한 글이 있는지, 저자가 내가 생각하는 것과 비슷한 가치관을 갖고 있는지 살펴본다. 프롤로그를 보고 저자가 어떤 마음으로 책을 썼는지, 이 책에 어떤 내용이 담겨 있는지 살펴본다. 또 프롤로그와 목차를 읽으면서 저자의 문체가 나와 맞는지 살펴본다. 가끔 책의 내용은 좋은데 문체가 거부감이 들 때가 있다. 너무 영어나 외래어를 많이 사용해 잘난 척하는 것 같은 느낌이 들 때가 있다. 그래서 책을 살 때는 저자의 글을 읽으면서 감정이입이 잘 되고, 공감이 되는 책을 주로 구매한다.

셋째, 그 분야의 책을 여러 권 골라서 목차, 프롤로그를 읽어보고, 나에게 가장 도움이 될 것 같은 책을 구매한다. 예전에는 내 마음에 드는 책, 내가 관심 가는 분류의 책을 모두 구매했다. 같은 분야의 책은 중복되는 내용이 많다. 여러 권의 목차를 읽고, 내가 알고자 하는 부분을 읽다 보면 그중에서 가장 유익한 책을 고를 수 있다. 여러 권을 한꺼번에 보고 골라내기를 할 때는 오프라인 서점을 추천한다. 서점에서 책을 읽기 힘들면 도서관에서 미리 여러 권을 골라서 읽어보고 골라서 구매하는 것도 좋은 방법이다.

넷째, 책에서 추천받은 책을 구매한다. 내가 읽고 있는 책에 보면 가끔 책 속에서 책을 추천하기도 한다. 그러면 그 책은 실패할 확률이 거의 없다. 저자도 그 책의 도움을 받아 이 책을 쓴 것이기 때문이다. 내가 책을 살 때도 주로 사용하는 방법은 온라인 서점에서 나에게 추천해주는 추천 도서이다. 매일 온라인 서점에서 나의 추천 도서를 살펴본다. 그러면 내가 지금 관심 가지고 있는 책을 추천해준다. 추천 도서 중에서 관심이 가는 책을 선택하고 목차와 내용을 살펴본다. 나는 베스트셀러도 좋지만 주로 스테디셀러를 많이 구매하는 편이다. 전에 베스트셀러라고 구매했다가 몇 자 안 읽고 포기한 적이 있어서 베스트셀러도 앞의 절차를 통해 내가 정말 필요한 책을 구매한다. 스테디셀러는 의외로 실패한 적이 거의 없다.

예전부터 유명했던 책이라고 해서 구매했더니 내용이 알차고, 나의 관점을 바꿔준 책이 많았다. 나는 도서 비율을 따지자면 신간 도서 40%, 스테디셀러 60% 정도로 구매하고 있다.

다섯째, 제목이 이끌리는 책을 읽는다. 연이어 임용고시에 낙방하고, 스트레스로 인해 2번의 수술을 했다. 몸과 마음이 다 너덜너덜해졌다. 5년 동안 정말 치열하게 준비한 시험이 공중에 분해되듯 산산조각이 나고 자존감은 끝없이 추락하고 내 인생의 바닥을 본 듯했다. 뭐라도 붙잡을 것이 필요했다. 이때 우연히 도서관에서 발견한 책이 『자존감 회복 프로젝트』란 책이었다. '자존감 회복 프로젝트'란 단어가 내 눈에 선명하게 박혔다. 자존감 회복이란 말이 왠지 동질감을 느끼게 했다. '나를 다시 일으켜 세우는 현실 독서법, 무너진 자존감을 다시 세우는 비법을 배우자'라는 문구가 확 와닿았다. 책을 단숨에 읽어나갔다. 저자는 운영하던 사업체가 7번 연속 실패했다. 극심한 스트레스로 인해 불면의 밤을 보내면서 누구든 구원의 손길을 주기를 매일 기도했다. 스트레스 때문에 만화책으로 시작했던 독서가 다행히 진짜 독서로 이어져 지금은 책을 내는 저자가 되고 공인중개사사무소 대표가 되었다.

여섯째, '블로그와 브런치'라는 플랫폼의 리뷰를 참고해 구매한다. 두 플랫폼을 운영하다 보니 블로그 이웃과 브런치 작가님들이 책에 대한 리뷰를 많이 포스팅한다. 읽다가 나에게 해주는 조언 같은 이야기, 나를 위로해주는 문구나 글귀를 발견하면 희열을 느낀다. 바로 온라인 서점에 들어가 검색을 한다. 책 속 발췌 내용과 소개, 저자, 목차를 확인한다. 또 미리보기가 가능한 책이면 미리보기로 책을 읽어보고 결정하기도 한다. 또 하나의 팁을 적자면 이 책을 구매하고 읽었을 때의 책의 내용이 좋고 마음에 든다면 저자의 다른 책도 구매해서 읽는다. 저자의 다른 책에서는 비슷한 글도 있지만, 또 다른 지혜가 담겨 있다. 내가 좋아하는 저자의 책이기 때문에 믿고 읽을 수 있다. 전안나 작가의 『기적을 만드는 엄마의 책 공부』를 읽고 큰 울림을 받아서 『1천 권 독서법』, 『초등 하루 한 권 책밥』을 연이어 읽었다. 역시 기대를 저버리지 않았다. 좋은 글로 자극을 주었다.

일곱 번째, 내 상황을 직시하고 나에게 메시지를 던져주는 듯한 책을 구매한다. 브런치와 블로그 플랫폼에 계속 글을 발행하면서 조금 한계가 오고 있었다. 내 글의 라이킷과 댓글 양에 따라 일희일비하고 있는 내 자신을 빌견했다. 글을 쓰는 자체보다는 관심과 사랑에 목숨 거는 관종이 되어가고 있었다. 브런치는 그야말로 신세계였다. 출간 작가는 물론이거니와 방송작가, 기자, 칼럼리스트, 피디, 아나운서, 교수 등 내로라하는 직업을 가진 작가들로 화려했다. 그분들의 글을 보면서 내가 이 브런치에 글을 쓸 수 있는 자격이 되긴 한 걸까 하며 비교의식에 주눅이 들며 내 글이 한없이 초라하게 느껴졌다. 글쓰기에 대한 슬럼프가 왔다. 그래서 글쓰기에 대한 책을 검색했다. 글쓰기 능력을 좀 더 향상시킬 수 있지 않을까 하는 기대심리였다. 검색해보니 글쓰기 주제로 한 책 목록이 정말 다양했다. 글쓰기에 대한 목차와 내용을 살펴본 후 심사숙고하여 구입했다. 강원국의『나는 말하듯이 쓴다』, 유시민의『글쓰기 특강』이다.

강원국은『나는 말하듯이 쓴다』에서 이렇게 전한다.

"두려움과 두근거림은 한 끗 차이다."

처음은 누구나 두렵다. 그렇지만 처음이어서 두근거린다. 두려움을 두근거림으로 바꾸는 건 도전정신이다. '과연 내가 글을 잘 쓸 수 있을까?' '그런 역량이 내게 있을까?' 자문하며 나를 탐험한다.

안 쓰고 도저히 버텨낼 수 없는 절박한 상황이면 글쓰기가 두렵지 않다. 글쓰기가 두렵다면 아직 살 만한 것이다. 큰 울림을 주는 문구였다. '절박한 상황이 아니니 글쓰기가 두려운 거였구나. 내가 아직 글쓰기가 절박하지 않구나. 안일했구나.'라고 인식을 바꾸니 슬럼프가 아니라 자만이라는 것을 알 수 있었다.

옷을 사러 갈 때 나에게 잘 어울리는 색, 나에게 잘 어울리는 스타일, 내가 좋아하는 종류가 있듯이 책을 사서 읽어보면서 나에게 맞는 책 고르는 법을 찾아야 한다. 나에게 맞지 않은 책을 읽으면 책을 읽는 것이 재미가 없고 독서에 대한 흥미를 잃게 된다. 나에게 맞는 책을 읽으면 무한 성장을 할 수 있다. 변화의 씨앗이 꿈틀대는 내가 보이고, 삶의 사소한 것들이 무한 감사하게 느껴지며, 삶을 바라보는 시야와 안목이 긍정적으로 변한다.

05

정독해야 한다는
함정에서 벗어나라

유치원에서 유아들과 나는 매일 동화 감상 시간을 갖는다. 유아들의

주의 집중을 끌 수 있는 손유희로 시작한다. 동화책 읽어주는 시간을 매

일 갖는다. 동화를 들려줄 때 짧은 동화는 유아들이 집중해서 감상한다.

하지만 조금이라도 유아들 수준을 벗어나거나 동화 내용이 길어지면 유

아들의 집중도가 현저히 떨어진다. 나는 이때 이런 방법을 쓴다. 동화 내

용을 읽는 것을 그만두고 동화의 삽화(그림)만 보여준다. 그러면 아이들

의 집중력이 다시 향상되어 동화에 집중하는 것을 느낄 수 있다. 이때 동화책 내용을 정독해서 들려주기보다는 짧게 요약해서 들려준다. 유아들의 책에 대한 흥미와 몰입도가 커진다. 사후 활동 자유 선택 활동 시간에도 유아들이 도서 영역에서 책에 흥미와 관심을 가지고 책을 읽게 된다.

책은 정독해서 읽는 것이 올바른 독서일까? 정독이란 뜻을 새겨가며 자세히, 정성들여 읽는 것을 뜻한다. 처음 독서를 시작하고, 독서에 대한 열망이 끌어 올랐을 때 모든 책을 정독해서 읽었다. 정독해서 읽으면 집중이 잘되었고, 책의 내용을 더욱 자세하게 이해할 수 있고, 생각할 수 있는 시간이 있었다. 독서를 하다가 이해가 안 되면 그 문장을 이해할 때까지 계속 읽었다. 손가락으로 글을 따라가며 읽다가 소리 내어 읽었다. 혹 책을 읽다가 단어를 모르면 네이버에서 검색해 찾아 단어 밑에 뜻을 적어놓고, 필사노트에 이해하기 쉽게 또 한 번 풀이해놓았다. 그런데 언제부터인가 모르는 단어가 나오면 이렇게 검색해서 적어놓는 행위를 반복하다 보니 조금은 귀찮게 여겨지고 시간이 많이 소요되었다. 정독해서 읽다 보니 읽는 시간도 오래 걸리고 속도가 안 나니 마음이 다급해졌다.

또 나의 다른 습관도 발견하게 되었다. '책은 처음부터 순서대로 읽어야 한다.'라는 생각을 가지고 있었다. 나는 왜 책은 처음부터 읽어야 한다고 생각했을까? 우리는 어렸을 때부터 중고등학교를 거쳐 성인이 될 때까지 이런 패턴으로 공부도 하고 독서를 했다. 앞의 단계를 제대로 알아야만 다른 단계를 이해할 수 있는 것처럼 말이다. 차례대로 읽지 않으면 내가 이 책을 이해하지 못한다고 생각했다. 언제부터였는지 책을 구매할 때는 목차를 보는 습관이 생겼다. 그렇게 목차를 보면서 내가 관심이 생기는 부분을 먼저 읽어보고 구매하게 되었다. 이것이 계기가 되어 독서를 할 때도 읽고 싶은 부분부터 읽기 시작했다. 그렇게 읽으면 책에 흥미도 더 생기고, 그 부분을 시작으로 이 책이 궁금해지기 시작한다.

마음에 드는 부분부터 시작하면서 어떤 부분에서는 정독, 어떤 부분에서는 속독하는 방법을 터득했다. 어떤 부분에서 속독해야 할까? 속독이란 책을 빠르게 읽는 독서법을 말한다. 책의 흐름을 파악하기 위해, 중요하지 않은 부분을 넘길 때 속독을 하면 좋다. 속독은 책을 빠르게 읽기 때문에 책을 읽는 시간이 줄어들고, 짧은 시간 동안 많이 읽을 수 있다는 장점이 있다. 내가 처음 독서를 시작했을 때 독서 습관이 잡혀 있지 않았을 때는 한 권을 읽는 데 한 달이 걸렸고, 어느 정도 독서 습관이 잡히고 나서는 이틀에 한 권, 하루에 한 권도 읽었다. 정독의 단점은 지루함이다. 오래 읽기 때문에 지루해진다. 지루함을 느끼면 책을 읽기가 힘들어지고 속도가 나지 않는다. 속도가 나지 않으니 흥미를 잃게 된다. 속독은 어려운 부분을 그냥 넘어가지만, 정독은 모르는 것을 이해하고 짚고 넘어가기 때문에 그 과정에서 스트레스가 생길 수 있다. 속독하고 나서부터는 책을 읽는 것이 재미있었다. 하루에 여러 권을 읽을 수 있고, 독서량이 늘어나면서 뿌듯함도 생겼다. 가끔 영화나 드라마를 보다가 지루한 부분이 나온다거나 부족할 때 빨리 감기를 하듯이 책을 흐름을 알게 되면서 시간을 줄일 수 있는 것이다.

이런 속독에도 단점이 있다. 책을 내용을 이해하지 못하고 기계적으로 술술 넘겨버리고, 가볍게 읽는 만큼 내용이 기억나지 않고, 기억이 나도 오래 지속되지 않는다. 또 빠르게 넘어가는 만큼 중요한 부분을 놓치기도 한다. 속독에 재미가 들었을 때 나는 책의 내용과 나의 삶에 중점을 두기보다 책의 양에 중점을 두었다. 나는 블로그에 올리기 위해, 사람들에게 보여주기 위해 책을 읽고 있었다. 책은 읽어야 하고 시간은 없는데 정독을 하면 나의 독서량을 보여주기 힘들기 때문에 속독을 했다.

정독했을 때에는 중요한 부분 하나까지 모두 표시해서 필사노트에 적어놓거나, 책에 표시하면서 내가 변화되는 점이 있었고, 남는 것이 있었는데 속독을 했더니 남는 것이 거의 없었다. 그래서 생각한 것은 속독과 정독을 어느 정도 섞어서 사용해야겠다는 생각이 들었다. 흥미 없는 책을 처음부터 끝까지 정독한다는 것은 '맛없는 음식을 억지로 먹는 것'처럼 느껴진다. 속독을 계속하는 것은 '이 음식을 왜 먹는지, 이 음식의 영양소는 무엇인지, 어떻게 먹어야 하는지 모른 채 빨리 먹기 바쁜 것'이다. 이러면 몸에 탈이 난다. 소화가 안 되어 소화제를 먹어야 하는 상황이 오는 것과 다름이 없다.

내가 주로 속독해서 넘기는 부분은 한 번 훑어볼 때, 어떠한 정보를 찾을 때, 생각할 것이 많지 않고, 공감되는 에세이나 우화, 동화 같은 가벼운 책을 읽을 때이다. 또, 저자가 하고자 하는 말이 아닌 자신의 경험이나 인생 스토리를 넣은 경우에는 빨리 읽고 결론 부분에서 정독한다. 결론에는 저자가 하고 하는 핵심 문구가 적혀 있기 때문이다.

반면 정독을 할 때는 내가 좋아하는 스토리, 가슴에 와닿는 문구, '이 부분은 꼭 알아야 해.'라고 생각하는 부분을 천천히 이해하고 필사하며 읽는다. 자기계발서처럼 배우고 생각해야 하는 책은 정독하며 읽는다.

'이 사람은 어떻게 이런 생각을 했지?' '이런 상황에서는 나라면 어떻게 대처했을까?' '내 상황에 어떻게 적용시킬까?' 이런 식으로 질문을 던지며 나의 상황에 맞게 생각하며 읽는다. 그렇게 읽다 보면 나의 삶의 방향이 조금 개선되고 의식이 바뀌는 것을 느낄 수 있다. 단 한 권의 책을 읽을 때에도 정독해야 하는 부분, 속독해야 하는 부분이 다르다.

속독과 정독 어떤 것을 해야 하나 하는 질문에 정답은 없다. 바다를 예를 들면 정독은 산소통을 메고 바다 속으로 들어가서 이것저것 구경도 하고, 만져보고, 탐험하는 것이다. 반면 속독은 바다 위에서 크루즈를 타고 바다 위를 여행하는 것과 같다. 바닷속을 천천히 구경하는 사람, 크루즈를 타고 구경하는 사람 모두 바다를 구경했다고 말할 것이다. 내가 원하는 방법으로 어떤 날은 탐험하듯이 읽고, 어떤 날은 속독하면서 나만의 독서 습관을 만드는 것이다. 적절하게 혼용하여 취사선택한다.

06

옷 쇼핑 대신
책 쇼핑을 하라

'아, 오늘은 또 뭘 입고 출근하지?'

매일 아침마다 하는 고민이다. 오늘도 어김없이 옷장 문을 활짝 열고
옷걸이를 이리저리 뒤적인다. 옷장 안에 줄줄이 걸려 있는 건 니트, 티셔
츠 바지이건만, 선뜻 하나를 고를 수가 없었다. 이렇게 개수가 많은데도
즐겨 입는 건 정해져 있다. 연한 레이스 블라우스위에 하얀 니트를 바쳐
입고 청바지를 입었다.

'그러고 보니, 옷 쇼핑을 한 지 꽤 오래 지났네. 언제 옷을 샀더라?'

옷 사는 걸 즐겼다. 스트레스가 쌓이면, 분출할 곳이 필요했다. 내 감정이 쓴 뿌리로 휘감아질 때면 나는 이 힘든 감정을 용암이 분출하듯 막 쏟아내야 했다. 시선과 생각을 돌릴 대상을 마구 찾았다. 잠깐이라도 고민에서 벗어나 딴 생각을 하다 보면, 화가 조금 누그러드는 것 같았다. 어떻게 할 수 없는 문제를 똑바로 바라보는 것만으로도 속에선 천불이 났다. 그럴 땐 잠시 피하는 게 상책이다. 친구나 지인한테 전화 통화로 막 쏟아내는 것이 1순위라면 2순위가 옷 쇼핑이었다.

나는 인천에서 옷 쇼핑으로 유명한 중심지 부평지하상가에 가까이 산다. 부평지하상가는 퇴근길 버스 정류장에 있다. 그래서 스트레스가 쌓여 집에 바로 퇴근하기 정말 싫은 날은 부평지하상가에 들린다. 부평지하상가는 출구가 1~20개 넘게 있다. 미로처럼 나뉘어져 있는 지하상가에는 눈을 뗄 수 없을 정도로 다양한 옷이 가득하다. 옷은 물론, 액세서리, 가방, 화장품, 신발, 먹을거리 등등 쇼핑 목록이 다양하다. 쇼핑 지하상가에 들어서면 마네킹에 걸린 예쁜 옷들이 다 내 옷인 것 같은 착각이든다. 아이들이 문방구에서 장난감을 고르듯 나는 옷을 매의 눈으로 고른다. 무엇에 홀린 듯 옷을 고르다 보면 1시간은 그냥 지나가버린다.

이렇게 옷에 홀릭하여 옷을 고르고 액세서리를 살피고 사지 않아도 되는 신발, 화장품 등 매장에 들러 계획되지 않은 쇼핑을 한다. 1~2시간이 지나면 어느새 두 손 가득 옷이 든 쇼핑백으로 가득해진다. 순간 뿌듯함이 밀려온다. 카타르시스가 느껴진다. 직장에서 받았던 스트레스는 어느새 싹 사라져 있다. 쇼핑으로 인해 퇴근시간이 늦어지면 미안한 마음에 아이들에게 전화를 건다. 전화해 아이들이 먹고픈 간식거리도 듬뿍 사들고 간다.

하지만 지금은 코로나19로 인해 부평지하상가를 가지 못한다. 아니 안 간다. 요즘엔 생각도 옷 쇼핑 자체를 생각하지 않는다. 옷 쇼핑을 언제 했는지 기억이 가물가물하다. 예전 스마트폰에는 옷 쇼핑 앱이 3~4개가 깔려 있었다. 그런데 지금은 1개만 남기고 다 지운 상태다. 예전에는 직접 옷 쇼핑뿐만 아니라 앱으로도 옷을 많이 구입했다. 옷에 대한 욕심이 많았다. 그러다 보니 매일 문자 절반이 옷 쇼핑 앱에서 오는 문자였다.

'7%할인, 10%할인, 오전 시간대 할인'이라는 문자를 받으면 얼른 링크에 들어가 계획되지도 않은 옷을 구입하기도 했다. 싼 값에 구입한 옷을 택배로 받아보면 실망할 때가 많았다. 내가 이 옷을 왜 샀지? 후회가 급 밀려온다. 혹 남편한테 들키기라도 할까 봐 옷 포장을 뜯지도 않고 옷장 깊숙이 넣어놓을 때도 있었다. 남편이 어쩌다 새 옷을 발견했다.

"또 옷 샀어?"

"못 보던 옷이네?"

나는 당황했지만 하지 않은 척 태연하게 말한다.

"아는 언니가 준 거야."

이렇게 대충 그 상황을 모면하기 일쑤였다. 이랬던 내가 이젠 옷 쇼핑 대신 책 쇼핑을 한다. 그 자리를 예스 24, 알라딘, 교보문고 앱이 대신 하고 있다. 매달 책 7~10권 정도는 구입하고 있다. 내가 책 10권을 산다 고? 그동안 세상에서 제일 아깝다고 생각한 돈이 책 사는 돈이라고 생각 하면 믿을까? 책을 사서 읽는 것은 사치라고 생각했다. 웃음이 난다. 어 쩜 이렇게 미련한 생각을 했을까? 책은 도서관에서 빌려보는 것, 책을 사서 읽는 사람은 아주 여유로운 사람이라고 치부했다. 고등학교 1학년 담임 선생님께서 하신 말씀이 생각난다. 만 원으로 할 수 있는 가장 가치 있는 일은 책 사는 것이라고 말씀하셨다. 그때는 미처 깨닫지 못했다. 만 원으로 할 수 있는 제일 값어치가 있는 일이 책을 사는 것이라는 것을 뒤늦게 깨달았다.

나의 독서 씨앗이 되어준 책이 있다. 이지성, 정회일이 저술한 책 『독서천재가 된 홍대리』이다. 나는 이 책을 접한 후 책을 제대로 읽기 시작했다. 그리고 책 쇼핑을 하게 된 계기가 되었다. 책 속의 홍대리가 되어 책을 앉은자리에서 완독했다. 책에 1도 관심 없었던 홍대리가 변화하는 모습을 보면서 어느새 내가 홍대리가 되어 푹 빠져 읽었다.

1일 1독을 위한 단계별 미션을 보고 나도 급 따라 하고 싶은 의욕과 열정이 샘솟았다.

1. 1독을 위한 1문장, 1단락, 1쪽
2. 1주일에 1권 읽기
3. 100일에 33권 읽기

4. 전문 영역 도서 100권 읽기(가르치며 배워라)

5. 1년 365권 슈퍼 리딩

평소 책을 읽지 않던 사람도 왜 책을 읽어야 하는지, 책을 읽던 사람은 더 많은 책을 읽고 싶어지게 만드는 책이었다. 어쩌면 1독도 마찬가지로 그런 마음을 갖게 된다. 책을 읽으면 인생이 바뀐다는 걸 믿는다. 누구나 책을 보고 싶어 하지만 쉽지 않은 일 중 하나가 매일 책을 보는 것이다. 책은 다른 사람의 경험을 간접적으로 할 수 있게 하고 그 경험을 나의 경험으로 만들 수 있는 훌륭한 수단이 된다. 꿈을 이루는 도구가 된다. 책 속에 길이 있고 꿈이 있고 그 꿈은 곧 현실이 된다. 책 한 권에서 내 인생이 바뀔 수도 있다는 것을 선명하게 보여준다. 독서를 방해하는 많은 환경에 노출되어 있어 독서하기 쉽지 않다. 사람들은 스마트폰 게임, TV, 유튜브, 인터넷 서핑 등에 많은 시간을 할애하고 있다. 이렇게 허망하게 보내는 시간들만 잡아도 우리는 1독을 할 수 있다. 나도 직장 다니며 아이 둘 돌보는 엄마라 1독이 쉽지는 않다. 1독보다는 매일 꾸준히 보는 것에 우선 목표를 두고 있다. 하지만 100일에 33권을 목표로 독파하기 위해 열심히 책에 몰입하고 있다. 21년 목표는 연말까지 120권 이상을 읽는 것을 목표로 삼았다.

2020년 12월 31일에 블로그와 브런치에 새해 목표를 적어놓고 공표하였다. 1년에 120권 이상 꼭 읽겠다고 선언하였다. 그 목표 덕분인지 올 1월부터 10권을 읽었다. 이 원고를 쓰면서 읽었다. 책 읽기는 순항 중이다. 이 순항이 계속 이어지기 위해 더 치열하게 노력할 것이다. 1년 365일 중 2~3권도 읽지 않던 내가 이렇게 독서를 우선순위로 생각하고 책 쇼핑을 즐기고 있다. 나 스스로가 놀랍다. 책이 주는 지혜와 깨달음, 통찰력은 위대하다. 책은 새로운 꿈을 꾸게 한다. 매일 무기력했던 나의 모든 세포를 톡톡 깨우고 있다. 매일 하루하루가 감사하고 생동감과 활기로 하루가 채워지고 있다.

07

독서 스펙트럼을
확대하라

책을 읽다 보면 재미있는 공통점 하나를 발견할 수 있다. 마치 스펙트럼처럼 책 속에 또 다른 책이 계속 등장한다는 사실이다. 얼핏 보면 한 권의 책은 저자 한 명이 공들여 완성한 산물 같지만, 실은 그렇지 않다. 대부분 저자는 완성도 높은 글을 쓰기 위해 다른 책을 참고한다. 그리고 흔적을 자신의 책에 남긴다.

특히 지금 읽고 있는 책이 좋을 경우, 저자가 따로 추천을 하지 않더라도 그 책을 구해본다. 좋은 책을 쓴 저자가 읽은 책은 아무래도 좋은 책일 가능성이 높고, 분야 또한 비슷해서 자연스런 주제 독서를 할 수 있기 때문이다. 우리나라 사람들이 가장 좋아하는 마케팅 가운데 하나가 물건을 사면 한 개 더 주는 '1+1'이라고 한다. 이 마케팅 전략은 편의점에서도 아주 유용하게 사용되고 있다. 2+1의 마케팅 전략을 쓰기도 한다. 책도 '1+1'이라고 생각하고 그 안에 인용된 다른 책을 사서 읽어보자.

내가 쓴 이 책에서도 많은 책의 제목들이 나온다. 나는 책을 읽으면서 좋은 사례나 스토리가 있으면 그 출처인 책 제목을 기록하거나 휴대폰 앱에 저장한다. 저자가 좋은 영향을 받았거나 추천하는 책 또한 마찬가지다. '책 속의 책'은 다음에 읽을거리를 제공해준다. 또한 책 뒤쪽 날개를 보면 같은 작가가 쓴 다른 책이나 해당 출판사의 신간이나 비슷한 주제의 책을 소개하는 정보가 있다. 이런 것들도 다음에 읽을 책을 선정하는 데 요긴한 정보이다. 간략한 정보가 제시되어 있으니 참고하여 도서 목록을 선정하는 데 활용해도 좋다.

예를 들면 나의 독서 의지를 활활 타오르게 불쏘시개 역할을 한 전안나 작가의 『1천 권 독서법』을 다 읽고 그 책 뒷장에 수록된 책 읽기에 도전한 나의 경우이다. 이 책을 읽고 전안나 작가를 알게 된 나는 저자가 읽은 책들이 너무 궁금해졌다. 그래서 책 뒷날개에 수록해준 책의 제목들을 핸드폰 메모장에 다 적었다. 그 주 토요일이 되자마자 딸아이를 데리고 서점에 갔다. 『스티브 잡스』, 『자유론』, 『유태인의 가족대화』, 『내 인생 5년 후』, 『대통령의 글쓰기』 5권 정도를 다 구입하여 집에 왔다. 딸아이 책 2권에 내 책까지 총 7권이었지만 하나도 무겁지가 않았다. 빨리 읽고 싶은 마음에 집에 오는 내내 발걸음이 어찌나 가볍던지 설레기까지 했다.

『독서천재 홍대리』를 읽고 1년에 100권 책 읽기, 석 달에 30권 읽기 등 나름대로의 목표를 세웠다. 한 달에 10권 정도를 채워야 한다는 생각에 치열하게 다독을 하다 보니 나만의 독서법을 구축하는 데 큰 도움이 됐다. 이런 목표는 책과 친해지고 본격적인 독서의 실천을 위한 워밍업 단계에서 실행하면 좋을 듯하다.

독서량이 갑자기 많아지고 속도가 붙으면서 책 읽는 생활에 리듬이 생기면 큰 재미를 느낄 수 있다. 읽고 싶은 책을 선정하여 '나만의 100권 플랜'을 세워보자. 미리 책을 선별하는 과정에서 책을 고르는 안목도 생긴다. 무엇보다 플랜을 세우면 빨리 달성하고픈 열망이 생긴다.

어릴 적 산과 논과 밭으로 둘러싸인 마을이라 매일 학교 끝나면 들이나 산에서 놀았다. 봄이면 쑥과 달래, 냉이를 캐러 다녔다. 여름에는 다슬기, 겨울이면 산에서 눈썰매를 타며 노는 전형적인 시골이었다. 어머니, 아버지는 농사하시느라 자녀 교육에는 신경도 안 쓰셨다. 나는 매일 논과 밭, 강가에서 놀다 해가 지면 집에 들어오곤 했다. 이런 환경에서 자라다 보니 책을 접할 기회가 별로 없었다. 학교에나 가야 책을 접했다. 시골 분교라 학교 규모가 무척 작았다. 지금 기억에도 도서관이 따로 있지는 않고 교실에 몇 권 비치해둔 게 다였다. 서울로 이사를 오게 되었다. 서울에 와서 서울 친구들과 지내다 보니 나는 위인이나 명작동화 배경지식이 너무 부족한 아이였다. 중고등학교 때는 온통 입시에 매달려 교과목을 달달 외우는 주입식 교육에 익숙해져 책을 읽으려 하지도 않았다. 필요성을 못 느꼈다. 그렇다면 성인이 되어서는 책을 읽었느냐? 대학 졸업 후 취업하기 바쁘다고, 직장에 다닐 때는 몸이 힘들다고 관심조차 두지 않았다.

그럼 언제 읽었을까? 너무 부끄럽지만 결혼 후 아이들에게 동화를 들려주면서 읽게 되었다. 그리고 유치원 교사가 되어 명작동화를 제대로 읽게 되었다. 『장화 신은 고양이』나 『걸리버 여행기』도 이때 읽게 되었다. 그리고 위인전은 우리 아이들 도서관에서 책을 대여하면서 초등학생 만화 〈WHO〉, 〈WHY〉 시리즈를 통해 읽었다. 만화 삽화와 내용이 사실적으로 잘 묘사되어 있어서 단숨에 읽을 수 있었다. 아이들과 〈WHO〉 책을 읽고 공감되는 부분에 대해서 이야기하니 대화 소재도 생기고 위인의 업적에 대해서도 다시 한 번 되새기며 감사하게 된 계기가 되었다.

나는 유치원 유아들에게 매일 동화를 들려준다. 동화책은 애들이나 보는 책이라고 생각하는 사람이 많다. 결코 아니다. 나는 유아들에게 동화를 들려주지만 내가 더 감동과 위안, 지혜와 깨달음을 얻을 때가 많다. 특히 인성동화는 깨달음이 남다르다. 배려, 나눔 ,협력, 효. 질서에 관한 인성동화는 인성의 중요성을 잊고 사는 성인에게 더 필요한 덕목이다. 유치원 교사로서, 사회인으로서, 부모로서 그 중요성을 깨달아 본보기 모델이 되어야 한다는 중요성을 다시금 깨닫게 된다.

두꺼운 책 읽기에 부담을 가지는 사람이라면 동화책이나 만화책부터 읽어보는 건 어떨까? 글씨가 적고 어휘도 쉬워서 부담 없이 한 권을 독파할 수 있다. 그 안에 스민 삶의 흔적을 발견할 수 있다면 웬만한 에세이

나 문학 작품을 읽는 것 이상의 효과를 볼 수 있다. 자녀와 함께 읽는다면 그 의미는 배가 될 것이다.

e-book으로 책을 읽어봤는지 모르겠다. 종이의 질감을 좋아하는 사람에게는 익숙하지 않겠지만, 최근에는 e-book으로 책을 보는 사람이 많이 늘었다. 종이책을 선호했던 나도 처음에는 많이 어색했다. 책이라 함은 밑줄치고 중요한 부분은 귀를 접고 손때를 묻혀가면서 읽는 것이라고 생각했다 하지만 e-book의 장점을 발견하는 순간 그 매력에 빠질 것이다. e-book의 가장 큰 장점은 가격이 저렴하고 책을 꽂아둘 공간을 걱정하지 않아도 된다는 사실이다. 특히 워크북 같은 책은 아이들 학습을 위한 도구로 인기가 좋다. 웹 소설이나 만화는 e-book으로만 구매 가능한 경우가 있으니, 정서적으로나 물리적으로나 가벼운 독서를 원하는 사람이라면 e-book을 활용해보아도 좋을 것이다. 이렇게 독서 영역을 넓히다 보면 어느새 나도 모르게 다양한 분양의 책을 섭렵하는 다독가가 되어 있지 않을까.

08

필사하고, 메모하며,
가슴에 새겨라

"당신의 시간은 한정되어 있다. 다른 사람의 삶을 사느라 그 시간을 낭비하지 말라. 도그마에 갇혀 살지 말라. 그것은 다른 사람의 생각대로 사는 것일 뿐이다. 남들이 내는 소음이 당신의 내면의 목소리를 잠재우지 않게 하라. 중요한 것은 당신의 마음과 직관을 따를 용기를 내는 것이다."

스티브 잡스의 말이다.

"인생은 리허설이 아니다. 그러니 하루하루를 최선을 다해 살아야 한다. 일찍 일어나는 것 자체는 당신이 열심히 일했으니 성공할 거라는 신호가 아니다. 그 시간에 무엇이든 할 수 있도록 당신안의 잠재력을 이끌어내는 게 중요하다."

리처드 브랜슨의 말이다.

나는 매일매일 필사노트를 쓴다. 간단히 요약해서 메모하기도 한다. 앞의 문장들도 내 필사노트에 쓰여 있는 문구들이다. 새벽에 몰입독서를 하며 필사도 같이 병행한다. 내 필사노트는 예전 임용고시를 준비할 때 썼던 노트들이다. 과목별로 정리를 하다가 만 노트들이 여러 개다. 임용 서적을 정리할 때 이 노트도 다 버리려다 몇 년 손때가 묻은 노트들을 버리자니 지난 5년의 순간들이 통째로 날아가버리는 것 같아 마음이 아팠다. 쓴맛을 제대로 본 가슴 아픈 추억이지만 이것도 내 인생의 소중한 추억이려니 하고 남겨두었던 것이다. 방치해두었다가 쓸모없을 줄 알았는데 필사노트로 다시 활용하며 가치가 되살아났다.

책을 접하다 보면 설렘, 희열, 지혜, 깨달음, 인생의 나아갈 방향을 제시해주는 나침반 같은 문구들을 수없이 만난다. 충만함과 달콤함은 덤이다. 잠들어 있는 뇌가 깨어나는 듯하다. 잠들어 있는 뇌를 깨우는 책 속의 현인들의 명석한 언어를 그냥 지나칠 수가 없다. 독서가 주는 힘은 매번 강렬하다. 책에서 발견하는 문구, 글귀 하나하나가 보물을 발견하는 것처럼 환희를 안겨다준다. 책은 보면 볼수록 끊임없이 보물이 나오는 화수분이다. 인생 문구가 벌써 여러 개다. 그래서 이 보물 같은 문구를 가슴에 새긴다. 필사하며 내 가슴에 저장을 한다. 필사해가며 되뇌이는 나를 발견한다. 삶의 의미와 소중함을 일깨워준다.

이런 소중한 가지 문구들을 흰 글자 한 글자 채워나간다. 필사노트 앞에는 그동안 열심히 공부한 흔적이, 뒤쪽에는 나의 삶의 한 줄기 빛이 되어줄 소중하고 감사한 인생 문구들로 채워지고 있다. 나도 모르게 새벽마다 가슴에 꼭 안게 된다. 현인들의 언어가 이 겨울의 차가운 새벽 공기를 따뜻한 온기로 채워주는 듯하다. 덩달아 나의 마음의 온도도 1도, 2도… 따뜻하게 더 차오른다. 이 온기 덕에 새벽 독서와 필사에 더 박차를 가하게 된다.

매번 직장에서 새해 되기 전 교사수첩을 배부한다. 예전 같으면 책상

책꽂이에 그냥 방치했다. 신학기 초 중요한 학사 일정이나 전달사항 정도 메모하다가 방치해두기 일쑤였는데 지금은 교사수첩도 필사노트로 사용하고 있다. 교사수첩을 늘 가방에 넣고 다닌다.

유치원에서 아이들과 생활하다 보면 순간 극한 한계를 느낀다. 사랑스런 아이들과 동화책을 보며, 역할놀이를 하며, 미술놀이 하며 재미있게 수업만 하면 얼마나 좋을까? 하지만 이런 현실은 동화책에나 존재한다. 그야말로 유치원 세계는 냉혹하다. 정신적, 육체적 한계를 수시로 느낀다.

어린 연령일수록 그 강도는 더하다. 일일이 손이 가야 하기 때문이다. 배변 훈련이 안 되서 뒤처리는 매번 도와줘야 하고 가끔 열이 나는 아이, 토하는 아이, 설사하는 경우 옷의 뒤처리를 2~3번 해줘야 하는 날도 있다. 체력적으로 한계가 오는 날들이 있다. 정신적으로 육체적으로 에너지 소진이 큰 날이면 책상에 앉는다. 이럴 때 나는 교사수첩을 열어 필사 문구를 훑어 내려간다.

"불행과 행복은 세상이 결정하는 것이 아니다. 내가 어떤 태도를 취하느냐에 따라 결정된다."

"컵 속의 투명한 물에 한 방울의 잉크를 떨어뜨리면 잉크는 물속으로 점점 퍼져나가서 돌이킬 수 없게 되고 만다. 컵 속의 물을 원 상태로 돌려놓기 위해서는 물을 계속 부어서 엷게 하는 수밖에 없다. 여기서 한 방울의 잉크는 부정적인 감정을 의미한다. 한번 부정적인 감정이 생기게 되면 마음 전체가 흐려진다. 부정적인 감정을 없애기 위해서는 다른 것, 특히 긍정적인 것들에 주의를 기울이는 수밖에 없다."

수첩에 메모된 문구들을 천천히 살펴보며 다시 마음을 다잡는다.

필사내용처럼 '부정적인 감정에 휩싸일 때는 긍정적인 것들에 주의를 기울여라.'라는 문구를 붙잡고 감사할 것들을 물색해본다.

몸이 건강해서 직장에 나와 일할 수 있다는 사실, 코로나 시대에 직업을 박탈당하지 않고 일할 수 있는 현실, 비정규직이긴 하지만 60대까지 고용이 안정되어 있다는 사실, 적응하지 못해 3월 한 달 내내 힘들어했던 유아가 잘 적응해서 유치원 생활을 즐겁게 해가는 모습, 내 지친 마음을 위로해주는 동료 교사들, 감사할 것들에 주의를 기울이니 부정적인 감정보다는 긍정적인 마음에 충만해짐을 느꼈다.

번외이지만 마지막으로 감명 깊게 본 나의 인생 영화 〈위대한 쇼맨〉의 OST 중 〈This is me〉 가사를 되새겨보고자 한다. 나의 처지와 상황이 순간 애처롭게 느껴질 때 펼쳐 읽어보면 위안을 얻기도 한다.

When the sharpest words wanna cut me down

날카로운 말들로 날 다치게 하려 해도

I'm gonna send a flood, gonna drown them out

난 홍수를 퍼부어서 그 말들을 삼켜버릴 거야

I am brave, I am bruised

난 용감하고, 상처도 많지

I am who I'm meant to be, this is me

난 이 운명을 가지고 태어났고, 이게 바로 나니까

Look out 'cause here I come

조심해, 내가 여기 왔으니까

And I'm marching on to the beat I drum

나만의 발걸음으로 나아가리

I'm not scared to be seen

시선은 두렵지 않아

I make no apologies, this is me

누구에게도 미안하지 않아

This is me

이게 바로 나야

〈위대한 쇼맨〉 영화의 주인공들은 각자 다른 사람들과 다른 신체적 결함으로 인한 상처들을 안고 살아간다. 그 상처들이 부끄러워서 세상과 단절된 채 숨기기에 급급하다. 하지만 이젠 그 신체적 결함으로 인한 상처들을 당당히 드러내 보이며 세상과 맞서겠다는 결연한 의지를 보이는 내용이다.

나의 현재 모습과 위치를 부끄러워하지 말고 내 본연의 모습을 그대로 사랑하라는 강렬하고 강인한 메시지를 선사해준다. 내 자신의 소중함과 가치를 일깨워주었다. 내가 서 있는 곳, 처한 모습 그대로를 사랑하자고 마음을 다잡는다. 필사된 책, 보물 같은 문구들은 나를 위로해주는 좋은 친구이다. 내가 나아가야 할 방향을 가르쳐주는 안내자이다. 이런 좋은 문구들은 이런 좋은 친구를 한 번 더 안아주고 나를 다독여주는 장치이다. 요즘 원고 쓰느라, 필사하느라 손목이 시큰거리고 쑤시기까지 하다. 손목에 파스를 붙여가며 쓰고 있다. 하지만 순간순간 내게 큰 힘과 위로, 용기를 주는 필사는 결코 멈추지 않을 것이다.

5장

자존감 UP에는
독서가 가장 큰 무기이다

01

결국 독서가
나를 살렸다

직장에서는 실무 능력을 인정받으며 아이들과 학부모님께 친절과 배려가 넘치는 유치원 교사가 되어야 했다.

친절 콤플렉스를 평생 달고 살았다. 유치원 교사에게 제일 요구되는 자세와 덕목은 넓은 안목과 융통성이다. 시시각각 수시로 돌발할 수 있는 상황을 수습하고 대처해야 하기 때문이다. 매일 아침 아이들이 등원할 때면 맑고 청아한 목소리와 환한 미소로 인사를 한다.

"안녕하세요? 어머니! ○○야, 어서오세요!"

최대한 밝고 명랑하게 인사를 건넨다. 그리고 어디 아픈 곳은 없는지 아이의 건강 상태와 컨디션을 살핀다. 또 전달받을 사항이 있는지 확인한다. 또 하원할 때도 유아들 위생 상태와 옷매무새를 점검 후 부모님들께 인사를 건넨다. 하루 몇 시간 동안 아이들과 함께 생활하다 보면 에너지가 바닥난다. 지칠 대로 지친 몸으로 언제 그랬냐는 듯 밝게 귀가 인사를 건넨다.

1학기, 2학기로 나눠 부모 상담을 진행한다. 아이의 유치원에서 전반적인 생활과 교우관계는 원만한지를 부모님과 대면으로 상담을 진행한다. 20~30분 내내 친절하고 웃는 모습으로 상담을 하다 보면 얼굴에 경련이 일어날 정도이다. 하루에 수업 끝나고 2시쯤 상담을 시작해 6~7명의 부모님들과 저녁 7시까지 상담을 한 적도 있다. 하루는 말을 너무 많이 해 목이 쉬어 말이 안 나올 정도였다.

하루는 아이들을 하원시키고 청소를 하고 있는데 한 학부모님께 연락이 왔다. "선생님, 우리 아이 손에 상처가 났는데 이거 어디서 다친 거예요?" 내가 "네? 상처요? 어디요?"라고 물으니 핸드폰으로 사진이 날아온다. 정말 실처럼 얇은 상처, 눈에 띄지도 않는 상처이다. 다수의 아이를 보고 있다. 종일 한 아이만 볼 수 있는 것도 아니다. 아이가 다친 것을 확인하지 않은 잘못이 있지만, 아이가 다친 것을 나에게 말하지 않았고, 아프다고 우는 모습을 보지도 못했다.

"아이고, 그랬군요. 죄송합니다. 어머니. 제가 좀 더 잘 살폈어야 하는데 죄송해요. 속상하셨죠? 다음엔 제가 더 잘 살피도록 할게요."

부모님께 최대한 상냥한 목소리와 저자세로 전화 상담을 마친다. 유치원 교사는 이렇듯 매일 죄인이 된다.

학부모님이 원장실로 전화하면 원장님께 "죄송합니다."라고 말하고, 학부모님께 전화 오면 "죄송합니다."라고 말한다. 아이들에게도 매일 "미안해."가 일상이 된다. 정신없이 혼이 빠지는 듯한 하루를 보내고 나면 죄송한 일과로 마무리된다. 가끔 유치원에 등원할 때 퀵 보드를 타다가 크게 넘어져 커다란 밴드를 붙인 아이, 화상을 입은 아이, 이마를 다쳐서 온 아이, 침대에서 떨어져서 멍이 들어 온 아이 등 아이들의 모습을 보면 당황스러울 수밖에 없다. 집에서 다쳐서 오는 상처가 훨씬 더 크고 다반사이기 때문이다.

내가 놀라서 아이가 왜 이러냐고 물으면 멋쩍은 듯 웃으면서 "얘가 어제 요리하는데 옆에 와서 다쳤어요. 괜찮아요. 약만 잘 발라주세요."라고 말한다. 집에서 이렇게 크게 다친 것은 괜찮은 일이고, 유치원에서 아이들이 놀이를 하다 다친 일은 큰 잘못이라고 확대 해석이 된다. 이런 유치원 생활을 계속하다 보니 얼굴은 웃고 있어도 마음은 매일 우울했다. '오늘은 또 어떤 죄송한 일이 일어날까?'라는 불안감으로 하루를 시작한다.

그럼에도 이런 지치고 불안함으로 하루하루를 살면서 다수의 유아의 학부모님들과 좋은 관계를 유지해야 한다는 생각이 지배했다. 학부모 한 분이라도 나에 대해 좋은 평가를 하지 않을까 봐, 나에 대해 부정적인 평가가 매겨질까 봐 항상 불안했다. 모든 학부모님들과 소통하고 교류하면서 좋은 관계를 유지해야 한다는 강박 관념에 사로잡혀 있었다.

'항상 좋은 관계 유지를 위해 노력해야 해!', '억울하지만 참고 견뎌야 해.' 이렇게 스스로를 몰아세우고 있었다. 이 뜻은 한편으론 '너무 힘들어!'라며 마음속으로 비명을 지르고 있었던 것이었다. 멈춰 서서 유치원 교사로서 의미와 목적을 되새겨볼 필요를 느꼈다.

심리학자 이노우에 히로유키는 이렇게 말한다.

"인생은 그렇게 너무 애쓰지 않아도 잘될 수 있다. 애쓰지 않는 인생을 위해서는 가장 먼저 '타인의 시선을 신경 쓰지 않겠다'는 결심을 해야 한다."

직장에서 고객들에게 좀 친절하지 않으면 어떤가? 남들 하는 것만큼만 해도 충분하다. 일이든 인간관계든 '다른 사람들은 어떻게 생각할까?'라는 고민을 해서는 안 된다. 다른 사람들의 시선을 신경 쓰기 시작하면 나만 괴로울 뿐이다. 나 자신의 의견을 존중하고 스스로를 소중히 생각하면 타인이 시선이 어떻든 신경을 쓰지 않을 수 있다.

나는 '죄송합니다'라는 말을 함부로 하지 않겠다고 다짐했다. 유치원 교사는 일단 무슨 일이 일어나면 죄송하다고 말하라고 배웠다. 그건 잘못된 것이었다. 잘못하지 않았는데도 죄송하다고 하는 것은 어리석은 행동이었다. 책에서는 그 사람의 마음을 이해해주는 법, 공감하는 법, 내가 어떻게 말해야 상대방이 화를 내지 않는지에 대해 알려주었다. 나는 그렇게 학부모님들과 소통을 했고, 유연함이 장착된 후 학부모님들이 어렵지 않게 느껴졌다.

직장생활을 하다보면 내가 지금껏 살아오면서 경험하지 못한 많은 경험을 마주하게 된다. 처음 하는 실수와 경험들은 나에게 당혹스러움을 안겨준다. 이 문제를 어떻게 해결해야 할지 모르니 답답하기만 했다. 선배나 동료에게 물으면 해결책을 알려주기보다 함께 하소연하거나 자신이 터득한 방법을 알려준다. 나는 현실적인 조언이 필요했다. 독서는 나에게 방법들을 알려주었고, 내 마음을 책이 공감해주고 위로해주었다. 억울하고, 속상한 마음을 이야기하면 친구나 주변 사람들이 공감해주기는 하지만 현질적인 조언을 시작한다. 하자만 책에서는 내가 원하는 말, 내가 듣고 싶었던 말을 건넨다. 나는 이런 글들을 접하면서 점점 책에 빠져들기 시작한 것이다.

직장인이 책을 읽어야 하는 이유는 직장생활이 쉬운 일이 아니기 때문이다. "경력이 쌓이면 괜찮아, 무뎌져."라고 말하지만, 그 시간 동안 매일 힘들고 아프고 죄송해야 하는가? 우리는 평가받고 죄송하기 위해 직장을 다니는 것이 아니다.

대학을 졸업하고, 차선책으로 유치원 교사가 되었지만 사랑스런 아이들을 만난다는 설렘으로 흥분되고 기대감으로 가득했다. 하지만 내가 마주한 직장생활은 호락호락하지 않았다. 폭탄을 방불게 하는 작은 사건들이 여기저기서 터졌다. 예상치 못한 일이 일어나는 하루하루가 이어졌다. 유치원에 큰 행사가 계획된 그 한 달은 매일 야근을 밥 먹듯이 해야 했다.

아침 8시에 출근해서 밤 10시에 퇴근한 적도 셀 수 없을 정도이다. 학부모 참여수업이라도 계획된 달은 몇 달 동안 긴장 상태로 일을 계획하고 진행해야 했다. 수업 계획은 기본이고 환경 구성과 미화에 온 신경이 곤두서기 때문이다. 부모님들께 보여드릴 아이들의 작품을 감상할 자료도 전시되어 있어야 했다. 준비하는 동안 아이들도 힘들다. 아이들의 순수한 동기, 자유 선택에 의해서 활동이 이루어지는 것이 아니라 보여주기식 활동으로 이어지기 때문이다. 아이들의 힘들어하는 모습을 지켜봐야 하는 나도 힘들고 안타까웠다. 매일 지쳐갔고 회의감에서 허우적거리며 우울했다. 직장은 돈을 벌기 위해 다니는 목적도 있지만 내 삶을 개선하고, 자아실현을 위해서 다니는 것이다. 직장생활을 하면서 나는 숨을 꾹 참고 있었다. 숨을 내쉬지 않고 계속 참으면 우리의 몸에는 이상신호가 온다. 가슴이 답답하고, 머리가 터질 것 같았다. 그 상황에서 책을 읽으며 숨을 내쉬었다. 책과 함께 들이마시고 내쉬기를 반복하면서 나의 몸이 살아나기 시작했다.

02

나를 일으켜 세운
현실독서 7가지 팁

독서를 시작할 때 나는 절실함을 가지고 있었다. 절실함을 가지고 무작정 책을 읽었다. 삶의 모든 부분에서 자존감이 수시로 밑바닥을 쳤고, 매년 치른 시험으로 실패를 하고 극복해본 나의 경험으로, 독서는 보통 사람이 할 수 있는 가장 현실적이고 빠른 실패의 치유법이다.

가장 구체적이고 현실적인 치유법이 '현실독서'이다. 현실적으로 습관을 만들 수 있는 방법이라 현실독서이다. 내 독서 경험 속에 있었던 경험을 추려서, 그 속에서 얻은 소중한 독서 팁을 전하려 한다. 도움이 되길 바랄뿐이다.

첫째, 책을 여러 권 돌려가며 읽는다. 이 방법은 사실 몰입 이론과는 반대되는 방법이다. 그럼에도 불구하고 독서 초보자들에게 유용한 팁이다. 마케팅, 에세이, 자기계발서 등 장르를 여러 분야로 나누면 더 효과적이고, 그렇지 않아도 상관없다. 이 책을 읽다가 집중이 안 되고 재미가 없으면 잠시 놓는다. 읽고 싶은 다른 책을 읽는다. 이렇게 몇 권의 책을 번갈아가면서 읽는 방법이다. 한 권을 읽다가 책을 읽기 싫어지면 보통은 TV를 켜거나 스마트폰을 보기 쉽다. 책을 번갈아가며 보면, 독서 시간을 길게 가져가고 독서를 습관화하는 데 도움을 받을 수 있다. 장르까지 다른 책이라면 지루함을 덜 수 있는 장점도 더해진다. 예를 들면, 자기계발서 책이 더 절실하지만, 읽다 보면 지칠 때가 있다. 이럴 때 따뜻한 에세이를 읽는다면 금방 다른 재미를 찾을 수 있다. 책을 읽기 시작하는 아주 초창기에는 한 권을 다 읽는 완독이 성취감을 주는 효과가 크다. 최초에는 한 권만 읽는 것도 좋은 방법이다. 그러나 몇 권을 완독하고 나서는 이렇게 돌려가며 읽는 방법이 독서 시간을 늘리고, 지루함을 줄일 수 있다. 집중력이 약하고 쉽게 지루함을 느낄 수 있는 독서 초보자들에게 이 방법을 추천한다.

둘째, 책은 지저분하게 낙서하며 본다. 이 방법은 독서에 관한 책에 공통적으로 나오는 말이다. 독서를 해본 분들이 많이 하는 말이기도 하다. 책을 내 것으로 소화하기 위해서 줄 치고 메모하고 별 표시, 느낌표를 표시하라는 말이다. 책의 중요한 부분은 책 지면의 윗부분 모서리를 삼각형으로 접는 귀접이를 하거나 다양한 색연필로 줄을 친다. 그리고 인덱스나 포스트잇으로 표시한다. 깨달은 점이나 궁금한 점은 책 지면의 위아래에 써넣는다. 이렇게 구분되어 있으면 나중에 이 책을 다시 읽거나 찾아볼 때 빠른 시간 안에 금방 알 수 있다. 귀접이 부분만 빠르게 다시 읽거나, 색연필로 밑줄 친 부분만 다시 읽어도 제독과 비슷한 효과를 얻을 수 있다. 메모한 부분을 다시 읽으면, 먼저 읽었을 때와 지금의 내가 변화되어가고 있음을 느낄 수 있다. 나만의 인생 책으로 재탄생한다.

『읽는 대로 일이 된다』라는 책에는 이런 구절이 있다.

"책을 구입할 때는 미완성이면, 자신의 손으로 메모하고 기입하는 순간 완성이 된다. 책을 읽을 때 메모하고 기입하는 순간 나와 책이 한 몸이 되는 듯한 뿌듯함과 충만함을 느낄 수 있다."

셋째, 책은 대여해서 보기보다는 사서 읽는다. 나는 가정형편이 늘 여의치 않았다. 책을 사는 것은 큰 사치라고 생각했다. 책은 도서관에서 빌려 봐도 충분하다고 생각했다. 하지만 책은 빌려 보는 것이 아니라 사서 읽어야 한다. 빌린 책은 온전한 내 것이 못되기 때문이다. 빌린 책은 앞부분에서 언급했지만 내 마음대로 표시도 할 수 없고 메모도 할 수 없기 때문이다. 귀접이를 할 수도 없다. 한번은 도서관에서 대여한 책을 보고 있었다. 나도 모르게 몰입해서 보느라 내가 밑줄을 치며 동그라미, 별표시를 하고 있는 줄도 모르고 열심히 읽었다. 하지만 반납할 때가 되어보니 책이 지저분하여 열심히 지우개로 지우느라 혼났던 적이 있었다. 그 이후로 되도록 책을 구입해서 보려 한다. 도서관 책은 나뿐만이 아니라 다른 사람들이 같이 보는 책이기 때문에 지저분하게 볼 수 없는 단점이 있다. 책 구입할 여력이 안 된다면 당연 우선 대여해보는 것만으로도 그 충족감을 채워보길 바란다.

넷째, 솔직한 동기를 활용하자. 정회일 작가는 『읽어야 산다』에서 이렇게 전했다. "육체적 고통의 지옥을 겪고 나서는 본능적인 동기로 책을 읽기 시작했다. 이성에게 멋지게 보이기 위해서!" 솔직하고 재미있는 동기이다. 그리고 『완벽한 공부법』의 고영성 저자도 유튜브를 통해서 이렇게 밝혔다. "독서 습관화가 되는 과정에서 전철이나 커피숍에서 많이 읽었다." 나는 우선 내 마음이 힘들어서 읽었다. 힘들고 낙심될 때는 책의 모든 내용과 글귀들이 다 내 이야기 같고 나를 힘껏 격려해주는 말 같았다. 특히 새벽 독서는 내 마음을 정화해주기에 충분했다. 그동안 외면한 나를 꼭 안아주는 느낌이었다. 지금은 일부러 아이들 앞에서 책을 읽는다. 아이들이 나의 모습을 보고 책을 가까이했으면 하는 마음이 더 크다. 책을 통해 현인들의 명석한 행동과 지혜를 배웠으면 하는 바람이 무척 크다.

다섯째, 독서 목표를 세우고 틈틈이 책을 읽자. 나는 새해에는 독서 목표를 세운다. 새해가 되면 누가 하라고 시킨 것도 아닌데 나도 모르게 다이어리에 연 목표 독서량과 월 목표 독서량을 적는다. 올해는 블로그에 많은 이들에게 공표라도 하듯이 120권을 읽겠다고 정했다. 120권의 목표를 달성하려면 한 달에 10권 이상은 읽어야 한다. 다행히도 올 1월 10권의 목표를 달성했다. 정말 치열하게 읽었다. 새벽에 눈뜨자마자 모닝 루틴으로 책을 읽었다. 그리고 식사를 준비하는 시간도 아까워 찌개를 끓

이면서도 중간중간에 읽었다. 그리고 예전 같으면 그냥 흘려보냈을 휴게 시간에도 책을 펼쳤다. 그리고 퇴근 전 잠깐의 10~15분의 여유가 있다면 그때도 읽었다. 그리고 어떤 날은 퇴근시간임에도 불구하고 집에 가면 시간 확보가 어려운 걸 알기에 30~40분 목표량을 읽고 늦게 퇴근한 적도 있다. 목표는 크게 세우는 것이 좋다. 하지만, 시작할 때의 목표는 너무 크지 않게 시작하는 것이 좋다. 무엇보다 성취의 만족감이 제일 중요하기 때문이다.

여섯째, 책을 읽게 되는 환경을 만든다. 읽고 있는 책은 내가 움직이는 활동 반경이 보이는 여러 곳에 둔다. 책상에도, 화장실에도, 이불 옆에도 책을 놓아둔다. 그냥 흘려버리는 시간에도 책을 가까이한다. 책과 친해지고 자꾸 읽게 된다. 책을 읽게 되는 환경을 만들어간다. 책상에 앉아서 집중해서 읽는 책도 좋다. 몰입이 잘되고 독서의 진도를 빨리 뺄 수 있다. 일을 하다가 잠깐 머리를 식히려고 읽는 책도 좋다. 일에서 잠깐 나와 다른 머리를 쓰기 때문에 좋다. 화장실에서 잠깐 읽는 책도 좋다. 짧은 시간이지만 좋은 구절을 만나면 머릿속에 되뇌기에 좋다. 자기 전에 느긋하게 누워서 읽는 책도 좋다. 피곤할 때 누워서 편안한 맘으로 읽는 책은 휴식같이 다가온다. 잠이 더 잘 온다.

일곱째, 재독을 한다. 인생 책이 아니어도 좋다. 좋은 책은 재독한다. 결론적으로 이야기하자면 재독에서 진짜 독서의 참맛을 느낄 수 있다. 처음 읽을 때와 느낌이 다르고 배우는 것이 또 다르다. 처음 느꼈던 감동과 울림의 깊이가 더해진다고 할까? 그리고 그전에 못 느꼈던 글귀들이 새로운 느낌으로 다가오기도 한다. 주말에 특히 아이들과 남편과 하루 종일 집에 있다 보면 나의 안 좋은 감정들이 불쑥불쑥 튀어오를 때가 있다. 이럴 때 내게 위로를 줬던 책을 다시 집어 든다. 순간 그 못난 감정들이 언제 그랬냐는 듯 잠잠히 마음의 평화가 찾아온다. 다시 한 번 울림을 주는 글귀 하나하나에 의미를 부여해본다. 글귀들이 다시 내 마음에 새겨진다.

여덟째, 나만의 인생 책을 만든다. 영국 사상가 존 러스킨은 이렇게 말했다. "책을 한 번 읽으면 그 구실을 다하는 것이 아니다. 재독하고 애독하여 다시 손에서 떼어놓을 수 없는 애착을 느끼는 데서 가치를 발견할 것이다." 나의 인생 책은 국민 멘토 김미경 강사의 책들이다. 『드림 온』, 『꿈이 있는 아내는 늙지 않는다.』, 『엄마의 자존감 공부』, 『이 한마디가 나를 살렸다』, 『김미경의 리부트』이다. 워킹맘으로서 내 마음을 다 어루만져준다. 사이다 같은 문구 하나가 답답한 마음을 뻥 뚫어주는 사이다이다. 워킹맘으로 지내다 보면 위기의 순간들이 온다. 나는 먼지처럼 없어지는 듯하다. 이런 나의 정체성과 급하강했던 자존감을 다시 끌어올려주었다. 삶의 활력을 되찾았다.

여러 책을 읽는 것이 당연히 좋지만, 자기만의 애독서를 가지는 것도 좋은 방법이다. 총각네 야채가게 이영석 대표는『일본 전산 이야기』를 인생 책으로 두고 끊임없이 읽는다고 한다. 수없이 반복해서 읽고 읽으면서도 같은 책에서 계속 느끼고 새로운 것을 배우고 잊은 것을 또 되새긴다. 책을 읽다 보면 정말 나랑 꼭 맞는 책이 생긴다. 이런 책을 인생 책으로 만들어 삶의 위기가 찾아올 때마다 책과 함께 위기를 슬기롭게 극복해갔으면 하는 바람이다.

03

독서 긍정 바이러스를
퍼트리다

주말 아침이다. 예전 같으면 아이들과 남편, 나 모두 눈을 뜨자마자 TV 리모컨을 집어 들었다. 고요한 아침의 정적을 깨기 위해 아무 생각 없이 TV를 시청했다. 목적과는 아무 관계없이, 무의식 속에 우리 가족은 그런 행동 패턴을 보였다. 하지만 지금은 다르다. 나는 새벽 독서로 주말 아침을 연다. 그런데 감사하게도 이제는 아이들도 TV 대신 책을 펼친다.

강요하지 않았다. 그냥 나는 매일 새벽부터 아침까지 주방 한켠에서 책을 펼쳤을 뿐인데, 처음에는 책을 보고 있는 내 옆에 오더니 딸도 책을 본다. 그 다음에는 아들이 책을 본다. 먹이사슬처럼 자연스럽게 이어졌다. 나도 모르게 미소가 지어진다. 다음은 불과 몇 개월 전의 모습이다.

"빨리 안 일어나? 그러니까 게임하지 말고 일찍 자라고 했지?"
"TV 좀 그만 봐, 언제까지 볼 거야?"
"책 좀 읽어야지!"

그러지 말라고 질책하고 재촉하는 눈빛으로 주말을 시작했다.

나는 토요일이 되면 매일 하는 일과가 있다. 바로 도서관에 가서 아이들과 책을 읽는 것이다. 집안에 특별한 일이 있지 않으면 매주 토요일에 도서관으로 향한다. 처음에는 아이들이 도서관에 가는 걸 반기지 않았다. 도서관은 재미없는 곳, 고리타분한 곳, 엄마가 가자고 하니까 그냥 따라와서 책 대여하는 곳이라고 생각했다.

처음에는 책에도 관심이 없어 내가 독서 목록을 정해주었다. 그러니 더 책을 선정하는 일, 대여하는 일에 관심도 갖지 않았다.

그래서 나는 도서관에서 주최하는 도서 참여 프로그램에 적극 동참했다. 우리 동네 도서관은 매월 초등학교 아이들을 대상으로 '그림책 손님' 이벤트를 정기적으로 주최하고 있다. 나는 매회 참여하려고 노력하고 있다. 새로 출간된 책을 읽고 문제가 주어진다. 책을 읽고 그 문제에 대해 4~5문제 정도가 주어진다. 그 문제에 대한 답을 적은 후 응모함에 넣는다. 많은 아이들이 참여한 듯 응모함은 메모지로 가득 차 있었다. 개인정보에 동의하고 딸아이의 이름과 내 연락처를 적었다.

몇 주 후에 문자가 왔다. 이벤트에 당첨되었으니 선물을 찾아가라는 내용의 문자였다. 직장에서 전화를 걸어 딸아이에게 문자의 내용을 전달해주니 너무 좋아하였다. 그래서 또 도서관 가는 날을 손꼽아 기다렸다. 비록 큰 선물이 아닌 소소한 선물이었지만 딸아이는 선물을 받고 너무 기뻐하였다. 이 일이 계기가 되어 딸아이는 도서관 가는 것을 무척이나 즐긴다. 보통 같으면 "엄마, 우리 어디 놀러갈 거야?"라고 묻는다. 하지만 요즘은 "도서관, 언제 갈 거야?"라고 묻는다.

도서관에 가면 아들과 딸아이는 어린이 열람실에서 책을 고른다. 나는 2층 성인 열람실에서 책을 고른다. 불과 1년 전만 해도 도서관은 아이들 책을 고르러 오는 곳이었다. 아이들이 방학 때가 되면 도서관은 더위와 추위를 피하는 휴식처이자 피난처였다. 그리고 내게 도서관은 임용고시 공부를 하러 오는 독서실이었다. 독서실은 비싸니 없는 살림에 엄두도 내지 못했다. 하지만 도서관은 비용이 들지 않고 시원하고 방해받지 않는 최적화된 장소였다.

하지만 지금은 사뭇 다르다. 이번 달의 신간은 어떤 책들이 있나? 내가 보고 싶어 예약한 책들이 들어왔나 확인한다. 열람실 문 앞의 매대의 책부터 살펴본다. 1인 카드로 5권을 대여할 수 있다. 부부 카드로 10권을 대여할 수 있는 셈이다. 평상시라면 아이들 책을 다 대여하였다.

하지만 지금은 3:2로 내 책을 더 많이 대여한다. 상상할 수 없는 일이었다. 그동안 성인 열람실에 와도 감흥이 없었다. 도서관은 답답한 곳, 책은 고리타분한 것, 책은 할 일 없는, 시간이 남아도는 사람이 읽는 것이라고 치부했었다. 얼마나 어리석은 생각인가?

이런 내가 시간만 나면 책을 보려 하고, 도서관에서 책을 보며 시간을 보내고 싶어 한다. 전에는 도서관의 많은 책들을 바라보며 감흥이 1도 없었다. 하지만 지금은 그렇지 않다. 도서관의 가득한 책장들을 바라보며 '아, 너무 좋다. 이 책 다 읽고 싶다. 며칠만 도서관에서 책만 읽고 싶다.' 라는 마음이 절로 든다. 이렇게 책에 대한 마인드가 바뀔 수 있을까? 그렇다. 나를 보면 알 수 있다. 내가 산 증인이다. 시간이 절대적으로 부족한 워킹맘도 책을 사랑하게 되고 아이들에게 독서 전염을 시켰다. 틈새 독서를 하며 책의 재미를 온몸으로 느끼고 있다.

"책은 한 권 한 권이 하나의 세계다."

윌리암 워즈워스의 말이다. 책은 우리를 과거로 여행을 시켜준다. 타임머신이다. 책을 읽으면 조선 시대도 볼 수 있고, 미국도, 프랑스도 여행할 수 있다. 책에는 없는 것이 없다. 모든 날의 모든 사람이 시간을 초월하여 살고 있는 작은 세상인 것이다.

내가 도서관에서 스티브 잡스에 관한 책을 대여하여 읽고 있었다. 나는 스티브 잡스가 애플의 창시자라는 사실만 알고 있었다. 스티브 잡스가 어떤 고난과 역경을 통해 애플의 창시자가 된지는 전혀 알지 못했다. 스티브 잡스의 일대기는 정말 흥미로웠다. 세기의 혁명적 발명이라고 일

컫는 아이폰도 자신이 세운 애플에서 쫓겨난 후 역경의 시간을 보낸 뒤 탄생시킨 작품이었다.

나는 스티브 잡스의 일대기가 무척 흥미로워 아이들에게 이 이야기를 전했다. 내 이야기를 들은 아이들은 광고에 나오는 아이폰에 급 관심을 보였다. 그 관심은 『WHO 스티브 잡스』 책을 대여하여 읽게 된 계기가 되었다. 내가 책을 읽고 난 감상을 그냥 아이들에게 재미나게 전달했을 뿐인데 아이들에게 긍정적인 영향을 전달하고 있었다.

스티브 잡스를 시작으로 오프라 윈프리, 버락 오바마, 벤자민 프랭클린, 드와이트 아이젠하워 등 위인전으로의 전파는 계속되었다. 그리고 집에서 고이 잠들어 있었던 위인전집이 있었다. 그렇게 읽으라고 얘기했을 때는 쳐다보지도 않던 위인전들을 아이들이 번갈아가며 순식간에 독파하는 모습을 보여주었다.

나도 아이들이 읽은 위인전을 다시 보며 미처 알지 못했던 위인들의 업적에 대해 깊이 사색하는 시간을 가질 수 있었다. 그동안 나는 편향된 독서 습관이 있었다. 자기계발서, 에세이, 소설책들에는 관심이 많았다.

하지만 철학, 사회학, 인문학에는 전혀 관심을 두지 않았다. 이제는 저절로 관심이 간다. 이 책이 나오게 된 배경, 저자의 파란만장한 삶이 궁금해지고 이 책에서 시사하는 바가 무엇인지 호기심이 생기기 시작했다. 이 호기심을 다양한 분야의 책을 통해 채워갈 것이다. 사랑하는 아이들과 함께.

아이들에게 공부를 강요하지 않는 편이다. 나는 학창시절 치열하게 공부하였다. 공부에 나의 모든 것을 걸었다고 해도 과언이 아니다. 공부를 잘해서 성공하는 것만이 나의 최선이라고 생각했다. 아침에 눈 뜨면 도서관에 도착하여 밤늦게까지 시립도서관에서 공부만 하였다. 하지만 결과는 처참했다. 그 스트레스가 한 사람을 얼마나 힘들게 하는지 뼈저리게 느꼈다. 공부가 인생의 다가 아니라는 것을 깨달았다. 그래서 아이들을 영어, 수학 학원에도 일체 보내지 않는다. 아이들이 원한다면 보낼 생각이긴 하다. 하지만 공부 잘하라고 선행학습으로 학원을 보낼 생각은 없다. 교과서도 물론 많은 것을 배우고 익히기에 유용하지만 나는 다양한 책을 통해 아이들이 세상의 이치를 깨닫고 성공한 현인들의 명석한 지혜를 아이들이 닮아갔으면 하는 바람이다. 아이들에게 긍정의 바이러스를 퍼트려 완전한 독서를 집안 분위기로 정착시키는 것이 나의 목표이다.

04

실패를 통해
나를 배우다

아버지 부재로 인해 고생하시는 엄마를 보면서 철이 일찍 들었다. 생활력이 강하다는 이야기를 아주 많이 듣는다. 감사하다고 해야 할까? 조금은 비참한 유년 시절의 콤플렉스에서 벗어나고자 애를 썼다. 하지만 애쓰고 노력한 것까지 딱 거기까지가 한계였다. 공부를 죽어라 했다.

나의 못난 환경에 반항이라도 하듯 콤플렉스를 벗어 던지고 싶었다. 하지만 공부를 죽어라 한 만큼 좋은 대학도, 좋은 직업도 갖지 못했다.

거기서 오는 박탈감은 이루 말할 수 없었다.

비참하고 주눅 드는 환경을 벗어나고파 발버둥 쳤지만 아무도 나에게 구원의 손길을 내밀어주지 않았다. 내 안의 자존감은 존재하지 않았다. 하지만 자존심은 무척이나 세다. 승부욕이 강하다. 누구한테 지는 걸 싫어했다. 어느 것도 지고 싶지 않았다. 공부도 정말 잘하고 싶어서 쉬는 시간에도 공부를 했다. 공부가 나만의 방어기제였다. 공부라도 잘해서 보상받고 싶었다. 앞뒤가 꽉 막힌 모범생이었다.

늘 억울했다. 죽어라 공부하는데 매일 놀기만 하는 친구의 성적이 나보다 높은 걸 보면 분해서 견딜 수가 없었다. 특히 고등학교 시절 그런 압박과 분노는 극에 달했다. 그래서 더 치열하게 공부를 했지만 과외 받고 학원 다니는 아이들의 성적을 따라잡을 수는 없었다.

부모님이 원망스러웠고 늘 제한된 현실을 마주해야 하는 내 자신과 환경이 미치도록 싫었다. 공부하는 걸 좋아했다. 아니 내 삶의 일부려니 받아들이려 했다. 그래서 임용시험도 어렵지만 하면 될 줄 알았다. 포기하지 않으면 합격할 줄 알았다. 너무 과소평가했다.

'나는 왜 안 될까?'

'무엇이 문제일까?'

'내가 잘할 수 있는 게 있긴 한 건가?'

내가 스스로 물었다. 뭐 하나 똑 부러지게 잘하는 것이 없었다.

어느 날 남편이 내게 말했다.

"당신은 도전은 참 많이 해! 그런데 항상 마무리가 안 된단 말이야."

안 그래도 의기소침하고 절망하고 있는데 불난 데 부채질하듯 나의 속을 뒤집는다. 남편은 그냥 하는 말이었지만 자책감에 휩싸여 있는 나에게 그 말은 묵직한 돌덩이를 던진 것이었다.

실패한 사람에게 가장 그리웠던 것은 평범했던 일상이다. 평범한 행복이다. 『읽어야 산다』의 정회일 저자가 한 방송에서 이런 말을 한 적 있다. 실패의 아픔을 겪어본 이들에게는 가슴 깊숙이 와닿는 말이 있다. 실패를 겪었기에, 아픔을 겪었기에 되돌아온 평범한 일상들은 너무나도 소중하다. 행복은 멀리 있는 것이 아님을 뼛속 깊이 배웠다. 공부할 때 아들과의 관계가 최대로 악화되었다. 고시 시험날짜가 다가오면 다가올수록 나의 긴장감과 스트레스는 최고조에 달했다. 허락된 공부시간은 턱없이 부족하지, 집중은 잘 안 되지, 아이들은 신경 써야지, 미치기 일보 직전이었다. 위기의 순간의 연속이었다. 내 신경을 조금이라도 건드리는 날은 화산용암이 폭발하듯 밑바닥 감정까지 거침없이 쏟아져 나왔다. 책을 읽어가면서 생각을 가다듬어갔다.

'나라는 사람은 누구인가?'   '

'나는 무엇을 좋아하나?'

'내 장점은 무엇인가?'

'적성은 무엇일까?'

'나는 무엇을 잘할 수 있을까?'

'어떻게 하면 행복해질 수 있을까?'

실패를 통해서 생각하는 법을 배웠다. 실패가 생각 속으로 나를 밀어 넣었다. 비로소 나를 돌아보고 나와 마주할 수 있었다.

실패를 극복하면서 인생의 굴곡을 배웠다. 내가 고시에 도전하지 않았다면 평범한 삶의 기쁨도 우리 아이들과 가족의 소중함도 미처 깨닫지 못했을 것이다. '실패'를 내 스승으로 삼았다.

『미라클 모닝』의 저자인 할 엘로드는 두 번이나 인생의 절망을 경험했다. 한 번은 죽음의 절망, 다른 한 번은 나와 비슷한 빚과 우울의 심연이었다. 첫 번째는 교통사고로 인해 물리적으로 죽어갔다. 두 번째는 정신적, 감정적, 경제적으로 완전히 바닥으로 내려갔다. 첫 번째와 다르게 두 번째 위기 때에는 "나를 딱하게 여기는 사람은 아무도 없었다. 이번에는 철저히 혼자였다…."라고 고백한다.

정확하게 나의 좌절과 똑같은 심정이었다. 그러는 그는 또 이렇게 말했다.

"비교적 짧은 생애에 사람들이 흔히 말하는 '바닥'을 두 번이나 겪은 나는 행운아다. 내가 '행운'이라고 말하는 것은 내 인생의 가장 힘들었던 시기가 내가 늘 원했던 삶을 창조해낼 수 있는 사람이 되도록 교훈을 얻는 시기이기 때문이다. 나의 좌절을 통해 사람들이 한계를 극복하고, 상상 이상을 성취하는 힘을 기르도록 도울 수 있다는 사실이 참 감사하다."

자신이 만든 회사에서 해고되는 좌절을 맛보았던 스티브 잡스는 이렇게 말했다.

"내가 애플에서 해고되지 않았더라면 애플을 부활시킬 수 없었을 것이다."

적지 않은 나이에 운영하던 회사가 망했다. 가진 것 없이 모든 걸 새롭게 다시 시작해서 관점 디자이너로 일어선 박용후 저자는 이렇게 말한다.

"인생은 넘어졌을 때가 아니라, 일어서는 것을 포기했을 때 실패하는 것이다."

이재범 작가의 『천천히 가도 괜찮아』를 읽게 되었다.

"실패는 무언가에 수없이 도전했다는 뜻입니다. 누구나 수많은 시행착오를 거치면서 발전합니다. 아무것도 안 하면 실패도 성공도 없습니다."

실패했기에 경험이 쌓이는 거라고 조언한다. 지금까지 실패를 많이 했다는 건 그만큼 도전했고, 시도했다는 뜻이다. 자책하지 말고 스스로를 안아주고 토닥여주길 바란다고 조언한다.

실패의 총량은 일정하다. 다만 그것을 어떻게 받아들이느냐에 따라 인생이 달라진다. 나는 그렇게 믿는다. 순탄하고 평범하게 사는 이들은 실패가 없을까? 선택하지 않은 다른 것을 잃어버리는 것을 경제학에서는 '기회비용'이라고 한다. 인생은 짧다. 선택하지 않은 사람들에게는 기회비용이 있다. 그것도 잃은 것이고 실패다. 내가 해야 하고, 하고 싶은 일들을 하지 않고 다른 길을 가면서 겪는 시간들을 잃은 것이다. 겉으로 성공한 것처럼 보이는 이의 삶에도 다 실패가 있다. 표면적으로 온전해 보이지만 나름의 아픔과 실패가 있다. 부모와의 갈등, 아이들로 인해 받는 고통, 가족의 병고로 인해 겪는 고통, 적성에 맞지 않는 일을 하는 고통, 잘못된 선택으로 인한 후회 등등. 이런 아픔들을 다 헤아려보면 결국 동시대 같은 나라에서 사는 인간이 겪는 실패와 아픔은 다 비슷비슷하다. 이것을 '실패총량의 법칙'이라 한다.

'해리포터' 시리즈의 저자 조앤 롤링은 어마어마한 시련과 실패를 겪은 사람이다. 그녀는 하버드 졸업사 축사에서 이렇게 말했다.

"실패는 삶에 있어서 피할 수 없는 부분입니다. 실패 없이 사는 것은 불가능합니다. 어두운 터널의 끝이 어디인지, 얼마나 오랫동안 어두운 삶이 계속될지 알 수가 없었습니다. 터널 끝에서 빛을 보게 되는 것은 그저 희망사항일 뿐 현실과는 너무나도 거리가 멀게 느껴졌습니다. 실패 없이는 진정한 자신도, 진짜 친구도 알 수 없습니다. 이것을 아는 것이 진정한 재능이며, 제가 얻은 그 어떤 자격증보다 가치 있는 소득이었습니다."

앞만 보고 달렸던 인생이 실패를 통해서 생각하는 삶으로, 감사하는 삶으로 바뀌었다. 오직 나를 위해, 내 꿈만을 위해 달렸던 목표지향적인 삶에서 나의 조력자인 남편과 나를 응원해주는 아이들이 얼마나 소중한지 깨달았다. 가족들과 함께하는 소소한 일상이 얼마나 감사한지 깨달았다. '포기하지 않으면 돼!', '난 꼭 해낸다.' 이 어리석은 말에 동아줄처럼 매달려 있었다. 힘들 때마다 이 말을 되뇌며 버티고 버텼다. 어리석었다. 희망고문이었다. 시련에서 빠져나오고 돌아보니 실패가 가장 큰 스승이었다. 실패를 통해 책을 만나고, 읽고, 생각하면서 내게 필요한 인생 퍼즐의 조각을 하나씩 맞춰가는 중이다.

'지금 여기'
현재에 집중하라

늘 상처가 짙게 드리워진 과거에 머물러 있었다. 상처가 많았던 과거에 얽매여 헤어 나오지 못한 삶을 살았다. 나는 입버릇처럼 남편에게 말했다.

"딱 5년 전으로만 돌아가도 정말 소원이 없겠다!"

"다시 학생 때로 돌아간다면 진짜 공부 잘했을 텐데…."

"당신을 만나지 않았더라면, 이렇게 고군분투하며 살지 않았을 텐데…."

"결혼 전 아가씨 때 임용 공부를 시작했다면 합격했을 텐데…."

매일 신세한탄을 하며 하루하루를 불만족하며 지냈다. 한숨을 달고 살았다. 현실의 삶에 1도 만족하지 못하고 늘 남의 것을 부러워하며 나를 깎아내리기 바빴다. 성형외과 광고판에서는 성형수술 '전'과 '후' 사진을 보여준다. 우리는 그 광고들을 보면서, 전에 이러했던 사람이 이렇게 변할 수 있겠다고 생각한다. 많은 광고들이 그런 식이다. 과거는 어땠고 미래는 어떨지 보여준다. 이처럼 과거-현재-미래에서 현재는 빠져 있기 일쑤다. 성형수술 장면을 광고로 제작하는 바보는 없다. 그런 고통스러운 과정은 다큐멘터리에나 나올 장면일 것이다.

변화를 원하는 건 현재가 괴롭기 때문이다. 그래서 광고는 현재를 건너뛴다. 과거와 미래에 집중하게 한다. 하지만 현재 없이 미래의 변화는 불가능하다. 성형수술은 피가 나고 엄청나게 아픈 과정이다. 그게 현실이다. 마음의 변화를 겪고 싶다면 자기 마음을 수술해야 한다. 여기에도 약간의 고통과 인내가 따른다. 그런데 그것조차 감수하지 않으려는 사람들이 많다. 그래서 늘 과거와 미래를 왔다 갔다 하면서 현재를 외면한다.

미래를 생각하면 불안해서 많은 사람들이 대책을 세운다. 우선 '자기 확신'을 통해 불안을 넘기려는 시도를 한다. 마케팅에서도 이 방법을 애용한다. "나는 할 수 있다. 이 학원에 다니면 반드시 명문대에 합격할 수 있다."라고 확언하면 불안을 찍어 누른다.

나의 경우였다. 임용고시를 준비하면서 수시로 불안이 엄습했다. 첫해는 열망과 포부로 의지가 활활 불타올랐다. 시험의 분위기나 출제 의도를 파악하는 정도로 아주 가볍게 시험을 준비하고 치렀다. 하지만 한 해, 두 해 넘어가면서 뜨거웠던 갈망이나 포부가 잦아들면서 부담감으로 다가왔다. '이번에는 꼭 붙어야 하는데, 그래야 면목이 서는데.' 하며 스스로를 다그쳤다.

직장에서도 내가 시험 준비하는 것을 알기에 부담감이 배로 몰려왔다. 매해 시험 전날 한 동료 선생님은 엿과 찹쌀떡, 다른 선생님은 응원의 편지를, 한 선생님은 시험 볼 때 마음 가라앉히라며 직접 담근 모과차를 선물해주시기도 했다. 모두들 격려를 넘어 가슴 벅차게 응원을 보내고 있었다. 감동했다. 이런 응원에 힘입어서라도 나는 꼭 시험에 붙어야만 했다. 하지만 매번 시험 결과를 조회할 때마다 '이번 합격 명단에는 귀하의 이름이 없습니다.'라는 메시지를 확인할 때면 정말 저 세상 밖으로 멀리 사라지고 싶었다.

어떤 해결책이든 결국은 '현재에 집중'할 수밖에 없음을 깨달았다. 자기 확신이든 자기 최면이든, 여러 가지 방법으로 불안을 해소하지만 결국 현실로 돌아옴을 깨달았다. 불안을 누른 학생은 오늘 일과에 매진하면 되고, 다이어트 문제로 갈등하는 사람은 오늘 운동에 전념하면 되는 것이다. 현실에 집중하지 못하는 사람들은 과거에 집착하는 쪽으로 도망가기 때문이다. 자존감도 마찬가지다. 나는 현재의 나에게 만족하지 못할 때 수시로 과거로 도망쳤다. 유년 시절이 문제일까? 아버지의 부재가 문제였을까? 가난이 문제였을까? 조금 더 일찍 공부에 전념했다면 바뀌었을까? 이 사람과 결혼하지 않았다면 지금 내가 달라졌을까? 이 직업을 선택하지 않았다면 좀 더 멋진 삶을 살고 있을까? 그렇게 자꾸 과거로 도망쳤다. 그런데 그 질문들의 끝에 도달하는 답은 정해져 있었다. '맨날 과거에만 집착하느라 시간을 보내는 내가 너무 한심하다.'

과거에 집착하면 후회스럽고 미래에 몰입하면 혼란스러웠다. 과거는 되돌릴 수가 없으니 답답하고, 미래는 오지 않았으니 불안했다. 건강한 사람의 머릿속엔 과거, 현재, 미래의 비중이 비슷하거나 현재가 절반 이상을 차지한다고 한다. 자존감이 약한 사람은 과거나 미래 문제에 편중되어 있다. 거부할 수 없고 변명할 수 없는 나 자신의 모습이었다.

서천석 정신과 의사는 이렇게 조언한다.

"문제 해결은 현재에 더 집중하는 데서 시작합니다. 정신과 의사들이 'here and now'라고 부르는 원칙이죠. 지나간 문제나 앞으로 닥칠 문제를 생각하지 말고 지금 당장 할 일에 집중하세요. 이는 새로운 습관을 들이는 과정입니다."

과거에 편중되어 있고 과거에 집착했던 내가 서서히 과거에서 빠져나오고 있다. 매일을 책과 살면서 말이다. 독서를 하면서 세상을 바라보는 눈이 자꾸만 새로 생기고 새로운 안목으로 바뀌고 있기 때문이다. 내 관점을 바꿔주는 책을 만날 때마다, 도끼 같은 책을 만날 때마다 내가 몰랐던 세상이 새로 열리는 기분이 든다. 한 곳으로 편중되어 편견과 아집 고정관념으로 똘똘 뭉쳐 세상을 부정적으로만 바라보던 나였다. TV를 볼 때마다 나의 안 좋은 습관이 있다. 그 연예인의 상황과 처지 등 배경에 대해서 잘 알지도 못하면서 겉모습만 보며 사람을 평가하는 것이다. 내가 평소 싫어하는 연예인이 등장하는 드라마나 예능을 할 때면 아예 쳐다보지 않거나 채널을 돌려버리는 잘못된 습관이 있다. 책을 통해 그 편견과 아집, 고정 관념을 조금씩 깰 수 있었다.

　내가 너무 세상을 색안경을 끼고 바라보고 있었음을 차츰 깨달았다. 그 사람이 그렇게 지내게 된 계기, 환경, 처지를 먼저 이해하려고 노력하게 되었다. 한 가지 고정된 시각이 아닌 다각화된 시각으로 바라보게 되었다. 과거에 집착하며 자존감 낮은 채로 오랜 시간을 살아온 사람들에게는 자신을 미워하거나 다그치는 것이 익숙하고 편하다.

　우리 마음속에는 '나'라는 자아가 3명이 있다고 한다. 첫째는 '자존감 낮은 나', 두 번째는 자존감 낮은 나를 '다그치는 나', 세 번째는 자존감 찾은 나를 '사랑하는 나' 이렇게 각기 다른 내가 존재한다는 것이다. 그동안 자존감 낮은 나와 다그치는 나 둘이서 싸움을 벌여왔다. 이 둘의 싸움이 반복되는 동안 '사랑하는 나'는 점점 설 자리를 잃었다. 우리가 스스로를 사랑하지 못하는 이유는 '사랑하는 나'가 점점 소멸되었기 때문이다. 자신을 사랑하는 것은 새로운 일이 아니다. 저 편으로 사라진 '사랑하는 나'

를 불러오는 일이다. 그래서 '자존감 낮은 나'와 '사랑하는 나'를 결합시키면 된다. 내가 증인이 되어 '자존감이 낮은 나'와 '사랑하는 나'에게 "평생 헤어지지 말고 서로 사랑하라"라는 말을 자주 들려주면 된다고 한다.

06

결핍, 당신의 꿈의
재료가 되다

그동안 '인생의 낙오자' 마인드로 살았다. 수없이 방황했다. 열등감을

벗어던지고자 무던히도 애썼다. 하지만 늘 그 자리에서 맴돌 뿐 한 발짝

도 나아가지 못했다. 안정되지 못한 삶이 너무 싫어 치열하게 공부했다.

뭐 하나 내세울 스펙 하나 없는 삶이었다. 자존감은 늘 바닥을 쳤다. 열

등감과 비교의식에서 헤어 나오지 못했다. 끝이 보이지 않는 동굴 안에

있었다. 불우했던 가정 형편에 이어 결혼해서까지 넉넉하지 못한 삶을

살아야 했다. 신혼 초 뼈저리게 후회했다. '내가 왜 이런 집에 시집을 왔

지?' '조금 더 안정된 직장을 가진 남자랑 결혼할 걸.' '시댁이 부유했으면 내가 이렇게 고생하지 않을 텐데 내가 미쳤지.' 이렇게 나 자신을 수없이 자책하며 원망했다. 시댁에서 집도 사주고 결혼한 친구들이 너무 부럽다 못해 시기 질투심까지 일렀다.

사업 실패 후 생활비가 없었다. 카드사 현금서비스를 받아가며 생활했다. 카드 현금서비스를 받아 생활비를 충당하면 그 달은 잠시나마 쓸 수 있었다. 하지만 다음 달 카드값은 눈덩이처럼 불어나 있었다. 카드값을 내야 하는 날이 오면 올수록 나는 극한의 불안감과 스트레스를 받았다. 결국 지인들에게 손을 벌렸다. 처음에는 '친정엄마께 전화를 해서 내 사정을 얘기하고 돈을 빌릴까?' 하는 생각이 수없이 들었다. 넉넉하지도 못한 친정엄마께 불효하는 것 같았다. 전화기를 몇 번 들었다 놨다를 반복했다. 제일 먼저 생각나는 것은 고등학교 절친 친구였다. 내 사정 얘기를 하고 몇 달에 나눠서 갚겠다며 친구에게 돈을 빌렸다. 아무리 절친이었지만 돈을 빌린다는 얘기를 쉽게 할 수 없었다. 하지만 친구는 내 사정을 듣고 흔쾌히 빌려주었다. 전화를 끊고 나서 너무 내 자신이 초라하고 비참하게 느껴졌다. 전화를 끊고 무작정 밖으로 나왔다. 눈이 내린 추운 겨울이었다. 그냥 돈 앞에 무릎 꿇어야 하는 한없이 불쌍한 인생 같았다.

아무 생각 없이 멍한 기분으로 겨울 찬바람을 피부로 느끼며 무작정 걸었다. 내가 가여워서, 내 인생이 불쌍해서 나도 모르게 눈물이 주르르 흘렀다. 돈 앞에 한없이 나약해져가야만 하는 현실에서 도망치고 싶었다.

억울하고 분했다. 힘들었다. 삶의 희망이 보이지 않았다.

'나만 왜 이렇게 힘들게 살아야 해?'
'남들은 시댁이 도와주기도 한다는데, 왜 우리 시댁은 비비기는커녕 도움을 줘야 하나?'

남편한테 온갖 짜증을 다 냈다. 하루에도 수백 번 갈대처럼 흔들리는 감정 변화로 남편과 감정의 골이 깊어갔다. 감정의 기복이 심해 냉탕과 온탕을 하루에도 몇 번 이상 왔다 갔다 했다. 남편은 안정된 직장이 아니었다. 일이 불규칙했다. 일이 없는 날도 있다. 또 일이 많을 때는 지방까지 내려가서 2~3주 동안 집에 들어오지 못할 때도 있었다. 그러면 아이들 육아도 다 내 몫이 되었다.

어쩔 수 없이 일하는 워킹맘에 독박육아는 덤이었다. 이런 삶에 서서히 지칠 때쯤 나라도 안정된 직장을 가지고 싶었다. 임용고시를 준비했던 이유이기도 했다. 정년까지 보장되고 퇴직 후에도 연금을 받을 수 있는 안정된 직장에 대한 갈망이 커졌던 것이다. 이렇게 나는 매일을 돈이라는 족쇄의 궁지에 몰린 삶을 살아내야 하는 현실이 너무 싫었다.

『꿈이 있는 아내는 늙지 않는다』에서 김미경 강사는 이렇게 말한다.

"결핍은 자산입니다. 다시 뛸 수 있는 힘이 생깁니다."
"작은 경험으로 실행 능력을 쌓아야 나에게 찾아온 기회를 알아볼 수 있습니다."

게으른 사람은 찾아온 기회를 놓치기 쉽다고 한다. 그러므로 항상 기회를 낚아챌 수 있게 준비가 되어 있어야 한다고 조언한다. 가만히 내 삶을 돌아보니 내가 겪은 수많은 결핍이 나를 조금씩 성장시킨 원동력이자 원천이었다는 것을 깊이 깨달았다. 내 결핍들이 내가 꿈을 꿀 수 있게 한 재료들이었던 것이다. 경제적으로 풍요롭지 못한 남자와 결혼한 것이 내가 지금까지 노력하는 삶을 살았던 이유이기도 하다. 그래서 몇 년 동안 워킹맘으로 고군분투하며 시험공부를 한 계기가 되었다. 긴 시간 동안 죽을 만큼 힘들었다. 하지만 결코 헛된 시간이 아니었다. 공부하면서 잊고 있었던 전공지식들이 다시 채워져 부모와 유아들을 대하고 상담할 때 조금 더 전문적이고 폭넓은 지식으로 대응할 수 있었다.

절망에서 헤어 나오지 못할 때 이렇게 책이라는 인생의 한 줄기 빛을 만나게 되었다. 시험 실패 후 길을 잃고 '실패자'라는 낙인을 스스로 찍고 삶의 방향을 잃었을 때 길을 안내해주었다. 불행으로 점철되었던 나의 인생을 긍정으로 바꾸는 전환점이 되었다. 차갑고 냉혈이었던 마음의 온도가 따뜻하고 온화한 마음의 온도로 변화되었다. 스스로 외면했던 나를 다시 만나 나를 안아주고 토닥이게 되었다. 마음그릇이 커지고 있다.

새벽에 일어나 몰입독서를 하면서 내 삶의 희망과 생기, 에너지를 다시 찾을 수 있었다. 책을 읽으며 앞으로는 어떤 인생을 살아가야 하는지에 대한 고민과 성찰을 끊임없이 거듭했다. 책을 읽으며 꿈을 찾아가고 미래를 그리는 과정에서 나는 점차 '작가'라는 꿈을 디자인하기 시작했다. 책의 내용이 'input'이 되어 나의 생각, 경험, 감정들이 함께 버무려진다. 점차 내 안의 메시지들이 목소리를 내기 시작했고, 진정 말하고 싶은 것을 정리해 적다 보니 'output', 즉 한 권의 책으로 완성되어가고 있다.

나는 책을 쓰면서 서평을 쓰거나 자유롭게 표현하고 싶은 글을 쓰는 것과는 또 다른 기쁨과 행복감을 느꼈다. 그동안 내가 책을 통해 타인의 삶 이야기를 간접 체험하면서 어려운 시기를 극복했듯이 변화된 내 경험을 토대로 많은 사람들에게 책의 힘을 알리고 싶은 열망이 생겼다. 책을 읽으면서 작가의 꿈도 꾸게 되었고, 작가로 책이 출간된다면 '동기 부여가', '희망 메신저'로의 삶도 계획하고 있다. '동기 부여가'라고 해서 거창한 것이 아닌 책의 긍정적인 면을 알리고 나처럼 열등의식, 피해의식으로 똘똘 뭉쳤던 부정적 생각을 과감히 벗어던지고 자존감을 회복하는 과정을 알리며 희망을 주고 싶다. 새로운 꿈을 꾸며 인생을 디자인해가라고 조언하고 싶다.

계속 독서와 함께 배움의 기회를 만들어갈 것이다. 아직 부족함을 처절하게 느낀다. 아직까지도 아날로그를 지향하며 아날로그 시스템이 익숙한 나이다. 하지만 코로나 시대에 스마트기기는 절대 뗄 수 없는 시스템이다. 배움의 열정으로 열심히 공부하고 노력해서 친숙하고 능숙해질 것이다.

독서로 마음의 양식과 지혜를 충분히 채워나가는 가운데 하나하나 실행해가려 한다. 그저 책에서 위로받고 더 나은 삶을 위한 대안을 구하려던 작은 날갯짓이 결국 작가로 실현되었다. 당신의 삶이 지금 너무 힘든 시기에 있는가? 좌절과 절망에서 허우적거리고 있는가? 그 절망과 시련이 당신의 꿈의 재료가 될 것이다. 고난과 역경의 꿈의 재료를 잘 버무려 당신의 새로운 꿈을 위한 발판으로 만들었으면 한다. 큰 꿈을 가진 사람은 도전하고 변화하는 사람이다. 꿈의 재료와 함께 책을 통해 당신 안의 작은 거인을 깨우고 당신의 꿈도 바로 업데이트하고 당장 잠금 해제했으면 한다.

07

책으로 당신의
꿈을 디자인하라

"그저 사는 것이 아니라 잘 사는 것이 중요하다."

이렇게 소크라테스는 말했다.

몰입독서로 나는 꿈을 향해 전진 중이다. 꿈꾸는 사람이 되어 성공을
갈망하고 있다. 우리는 꿈을 찾고 충만한 에너지로 가슴 뛰는 삶을 살 수
있다. 꿈을 찾고 열정으로 행동하는 내면의 부자가 되면 외적인 부는 어

떤 모습으로든 결과로 주어진다. 자신의 일에 열정을 더하는 사람의 미래가 업그레이드되는 것은 당연하다. 꿈을 찾는 사람은 선택과 집중을 통해 꿈에 매진하여 잠재력을 드러낸다.

성공한 사람들에게는 꿈이 전제되어 있다. 꿈이 있어서 성공한 미래를 상상해본 사람이 꿈을 실현시킬 수 있다. 속도의 차이일 뿐 독서를 꾸준히 실천한다면 이미 성공인의 마인드를 지닌 위대한 성공인이다. 이 과정에서 원하는 일에 미치는 몰입과 하루도 빠지지 않고 실천하는 치열함으로 당신의 무기를 만들면 된다. 열정이라는 연료가 당신과 함께할 책에서 나온다. 위대한 교육자 부커 T. 워싱턴은 "성공은 그 사람이 얼마나 높은 위치에 도달했는가가 아니라 얼마나 많은 장애물을 극복했는가로 평가된다."라고 했다. 물론 몰입독서를 실천하기 위한 과정에도 극복해야 할 장애물과 포기해야 하는 불편함이 있을 것이다.

『48분 기적의 독서법』에서 김병완 씨는 이렇게 말한다.

"인간의 성공은 독서량에 비례한다. 책을 많이 읽은 사람은 그만큼 위대하게 되는 것이다. 우리나라에는 위대한 사람이 많이 나오지 않는다.

그것은 위대한 사람이 될 만큼의 독서량이 없기 때문이다."

독서하는 사람들 자체가 모든 사람이 인정하는 성공인이자 세상을 이끌어가는 개척자들, 즉 워런 버핏이나 빌 게이츠, 스티브 잡스 같은 영향력을 미치지는 않는다. 하지만 무엇보다 확실한 건 책을 읽지 않는다면 이런 성공인이 되길 바라는 꿈조차 꾸지 못한다는 것이다. 우리의 내일은 어제와 오늘의 수많은 시행착오와 선택이 만들어낸 것이다. 독서는 이 선택들을 보다 더 생산적으로 이끌어줄 것이다. 원대한 꿈이 있더라도 당장 행동으로 실천하지 않는다면 그저 꿈에 머무를 뿐이다. 꿈을 꾸는 것은 중요한 시작이지만 이 꿈을 이루기 위한 행동이 수반되지 않는다면 시작에 그칠 뿐이다. 열정과 끈기로 지속하지 않는다면 바라는 꿈은 이루어지지 않는다.

『편지가게』의 저자 기타가와 야스시는 이렇게 말했다.

"큰 꿈은 큰 벽을 동반한다. 사람이 꿈이나 목표를 가지면 눈앞에 반드시 벽이 나타난다. 그 꿈을 가지지 않았더라면 벽이라고 느끼는 일 없이 살아갔을 것들이 눈앞에 나타나게 된다. 당연히 큰 꿈을 가진 사람에게는 큰 벽이 나타난다."

큰 꿈을 가진 사람은 도전하고 변화하는 사람이다. 당연히 기존에 몰랐던 장애물 또한 보이기 시작할 것이다. 성공하기 위해선 많이 실패할 수밖에 없다. 넘어지는 법을 알아야 일어서는 법도 알 수 있다. 몸으로 부딪히고 마음으로 담아 흡수한 것들은 오로지 우리의 것이 된다. 성공의 조건은 과거에 연연하지 않고 후회로 점철되어서는 안 된다는 것이다. 책을 통해 삶의 많은 변화를 겪고 있는 나는 마라톤 과정에 있다. 그리고 작가라는 꿈을 디자인하고 그렇게 되기 위해 독서를 병행하며 열심히 노력하고 있다. 이 글을 접한 독자도 몰입독서를 시작으로 더 큰 꿈을 꾸고 도전하고 행동했으면 한다. 현실의 벽이 당신을 가로막을 수도 있다. 나도 순간순간 현실의 벽 앞에 좌절해야 했다. 하지만 용기를 내서 그 벽을 깨고 나아가기를 바란다. 삶은 수많은 변곡점으로 이루어져 있다. 이 작은 점들 때문에 나의 목표와 꿈이 흔들리지 않도록 마음을 단단히 먹고 결정 근육을 키워나갔으면 한다. 책으로 그 꿈을 멋지게 디자인했으면 한다. 나 또한 꿈을 디자인하며 삶을 주체적으로 이끌어나가려한다. 희망 메신저가 되어 나와 같이 마음이 어렵고 힘든 터널을 지나고있는 이들에게 작은 희망과 용기를 주고 그들에게 선한 영향력을 미치는 사람이 되고자 한다. 독서는 누가 뭐래도 자신의 상황을 이겨내고 바꿀 수 있는 최고의 방법이다. 처한 상황과 환경 때문에 자존감이 바닥이라면 책을 읽자. 책이야말로 자존감을 업그레이드하는 가장 큰 무기이다. 분명히 어제보다 자존감이 한 단계 상승하게 될 것이다. 인생의 멘토이자, 나침반, 이정표가 되어주는 책과 동행하며 당신의 꿈을 디자인해보길 바란다.